日本版「司法取引」を問う

白取祐司・今村 核・泉澤 章［編著］

旬報社

はじめに

二〇一四年九月一八日、法制審議会「新時代の刑事司法制度特別部会」（以下、特別部会）で約三年間にわたって審議され、最終的に全会一致で取りまとめられた「新たな刑事司法制度の構築についての調査審議の結果」（以下、最終案）が法制審総会に提出され、原案どおり採択された。最終案では、「捜査公判協力型協議・合意制度」という名のもと、「他人の犯罪事実」を取引材料として捜査機関に与えることで、「自分の犯罪」について不起訴などの恩典を受けるという、いわゆる捜査公判協力型の「司法取引」制度が盛り込まれた。その後、この最終案をベースに法案化が進められ、二〇一五年三月、第一八九回通常国会に「刑事訴訟法等の一部を改正する法律案」（以下、法案）として提出された。法案は同年五月から衆議院法務委員会で本格的な審議に入り、およそ六〇時間にわたる審議を経て、最終的に与党の自由民主党、公明党とともに野党の民主党、維新の党も加わって共同提案された一部修正法案が、同年八月五日、賛成多数で可決された。この一部修正法案は衆議院本会議で可決された後に参議院に送られたが、通常国会の終了によって継続審議の扱いとなっている（同年一〇月一日現在）。

この法案の骨格を作った特別部会が設置された背景には、近年、相次いで明らかになった重大冤罪事件の存在と、警察、検察捜査に対する国民的な不信感の増大がある。志布志事件、氷見事件、足利事件、布川事件における最大の冤罪原因は、捜査機関による強引な取調べによっていわば無理矢理に作り出された虚偽自白であった。また、郵便不正事件では、関係者に対する強引な取調べが行われるとともに、検察官によって証拠偽造まで行われていたことが明らかになり、検察不信は頂点に達した。警察、検察による取調室という密室での長時間にわたる取調べ、そして、そのような取調べによって採取された調書が極めて重視されるという従来の刑事司法の在り方が、この時期、根本的に問われていたのである。

それでは、特別部会は従来の刑事司法の病巣にどこまでメスを入れ、「改革」を進めることができたのだろうか。

数々の冤罪事件が密室での強引な取調べに端を発していることから、当初は取調べの可視化がどこまで進むのかが最大の争点とされてきた。しかし、最終案における取調べ可視化の制度案は、それまで弁護士や有識者が求めていた「捜査の全事件、全過程の可視化」ではなく、全起訴事件のせいぜい二パーセント程度に過ぎない裁判員裁判対象事件と検察官捜査事件(いわゆる特捜事件)に限定され、かつ可視化の例外を広く認めるものに収れんしてしまった。

こうして特別部会の最大の眼目というべき取調べ可視化の制度化が中途半端に終わった反面、特別部会では、盗聴(通信傍受)の拡大といった治安立法強化策や、「捜査公判協力型協議・合意制度」「刑事免責」といった新たな制度の導入が最終案に盛り込まれることとなった。これらの「改革」案には、取調べ可視化のように、従来の捜査手法の問題点を少なからず改善し、冤罪防止に役立てるなどという観点はおよそ存在しない。むしろ、捜査機関に新たな、そして強力な〝武器〟を与える「改革」案である。

このうち、本書が対象とする「捜査公判協力型協議・合意制度」とは、これまでわが国にはなかった「司法取引」をはじめて法制度化するものである。特別部会では、従来の取調べと調書偏重の捜査から脱却する「新しい捜査手法」として導入すべきと説明されてきた。

しかし、後にくわしく述べるように、この制度は構造的に、他人に責任をなすりつけ、無実の人を犯罪の容疑者として引き込む危険性を最初からはらんでいる。取調べに代わる「新しい捜査手法」という美名のもとに、むしろ新しい冤罪を生む危険性をもっているのである。

そもそも特別部会の設置は、近年相次いで明らかとなった重大冤罪事件の存在、そしてそのような悲劇を生んできた捜査手法への批判があったはずである。それなのに、新たな冤罪を生みかねないこの制度が深く議論されることもなく導入されようとしているのである。

本書では、この日本版「司法取引」とよぶべき新しい制度について、制度の概要と法案提出に至る議論の経緯について述べたうえで（第1章）、この制度のもつ危険性を過去の重大な冤罪事件に即してくわしく述べつつ（第2章）、さらに諸外国における類似の法制度とその問題点を紹介する（第3章）。

法案化が急ピッチで進められようとしている今日、本書によって一人でも多くの方に、日本版「司法取引」がもつ危険性を知っていただければ幸いである。

［目次］

第3章 海外の司法取引制度とその運用　102

第1章

日本版「司法取引」制度とは何か

泉澤 章

1 日本版「司法取引」の特徴

(1)「他人の犯罪事実」が取引対象

「司法取引」のイメージ

いま「司法取引」とはどういうものかと聞かれて、具体的にイメージできる人がどれほどいるだろうか。

日本にはこれまで「司法取引」を直接規定した法律は存在しなかった。それゆえ法律家の間においてさえ、「司法取引」とはどのような制度なのか的確に説明できる人はそう多くない。まして刑事事件が身近ではない普通の人びとにとって、「司法取引」を具体的にイメージできるはずがない。

それでも、犯人が捜査官に事件の「真相」を話すかわりに不当に軽い処分で釈放され、それを知った被害者側の人間が復讐心にかられ……というハリウッド映画やアメリカのテレビドラマにありそうなストーリーを思い浮かべる人はいるかもしれない。実際アメリカでは後述するように実に約九割もの刑事事件が、自ら有罪であることを認める代わりに軽い罪で訴追され、その後の裁判も簡略な手続で終える答弁取引（plea bargaining）という手続で終結している（陪審員による裁判は、連邦地裁でも全起訴事件のほんの数パーセントに過ぎないという）。容疑者とされた者にとっては軽い罪という恩典が得られ、捜査当局にとっては迅速に刑事手続を終えることが最大のメリットとされている。刑事事件が日本とは桁違いに多いという背景もあるが、取引社会アメリカの一側面が刑事司法制度にあらわれているともいえるだろう。いずれにしてもアメリカでは答弁取引というかたちでの「司法取引」が盛んに利用されており、これ無しで刑事司法は成り立たないとまでいわれている。

これに対して日本では、これまで「司法取引」そのものを直接規定した制度は存在しなかった。その意味で、今回法案化された「司法取引」は、わが国初の「司法取引」を定めた法制度ということになる。まだ世間の注目度はそれほど高くはないものの、もしこの「司法取引」が正式な制度となれば、わが国の刑事司法にとってはきわめて歴史的なできごとと言っていいだろう。

ただし、今回日本で制度化されようとしている「司法取引」は、答弁取引のような制度とは異なる大きな特徴をもっている。
それは、「司法取引」における取引の対象となる事件、つまり取引材料が、取引をする被疑者・被告人にとって「自分の犯罪事実」ではなく、第三者の事件、つまり「他人の犯罪事実」だということである。

取引するのは「他人の犯罪」

被疑者・被告人が捜査、訴追機関と何らかの「司法取引」をして、自らの処分に便宜を図ってもらう制度にはいくつかの種類がある。大きく分ければ、前述した答弁取引のように「自分の犯罪」について全部または一部を認める代わりに軽い罪で起訴するなどの便宜を図ってもらう場合——「自己負罪型」とよばれる——が一つ。そしてもう一つが、「他人の犯罪事実」についてその情報を検察官に与える代わりに「自分の犯罪」について何らかの便宜を図ってもらう場合——「捜査公判協力型」とよばれる——である。
今回の法案は、このうちの後者、すなわち「他人の犯罪」の情報を検察官に与える代わりに「自分の犯罪」について不起訴処分や軽い罪での起訴などの便宜を図ってもらうという制度である。「他人の犯罪」をいわば取引材料に、「自分の犯罪」について検察官に何らかの便宜をはかってもらう。ここに、今回法制化されようとしている「司法取引」の最大の特徴がある。言い方は悪いが、他人(が犯したと思われる犯罪)を、自分の利益のために捜査機関に「売る」のである。「密告奨励型司法取引」などとよばれる理由もここにある。

捜査公判協力型「司法取引」の危険性

捜査公判協力型の「司法取引」における最大の問題は、取引をする側が自己の利益をはかるため、第三者にすべての責任をなすりつけたり、まったくの無実の人を冤罪に巻き込んでしまう危険性が極めて高いところにある。

「自分の犯罪」を認めることによって検察官から何かしらの便宜を図ってもらう自己負罪型の「司法取引」の場合も、冤罪を生む危険性は常に存在する。身に覚えのない重い犯罪（たとえば、死刑が予想されるような重大犯罪）の嫌疑をかけられたが、その後の裁判の負担や敗訴の危険を考えて、重い犯罪での訴追を逃れるため、あえて身に覚えのない軽い犯罪について認めるというような場合である。さらに、自分で自分を護る術を知らない無実の一般市民が、捜査機関のいいなりで罪を認めてしまうこともあり得るだろう。実際、答弁取引がさかんに行われているアメリカでは、この種の冤罪はかなりの数にのぼるといわれている。このような自己負罪型の「司法取引」によって生まれる冤罪も、冤罪であることに変わりはない。適正な刑罰権の行使と冤罪発生の防止を目的とする刑事手続のもとで、このような冤罪の発生も許してならないことは当然である。

しかし、自己負罪型の「司法取引」では取引材料が「自分の犯罪」である以上、まだ無関係の第三者を冤罪に巻き込む危険性はない。

これに対して、今回制度化されようとしている捜査公判協力型の「司法取引」は、自分が捜査機関から便宜をはかってもらうため、「他人の犯罪」を取引材料としてその他人を捜査機関に「売る」制度である。人は誰しも過酷な刑罰から逃れたいと思う。今後起訴されれば相当重い処罰を受けかねない状態に置かれていればなおさらである。そこに捜査機関から、「他人の犯罪」について捜査に協力すれば何らかの便宜——不起訴や軽い量刑での求刑等々——をはかってやると言われればどうだろうか。多少聞きかじった「他人の犯罪」事実を針小棒大に話して取引材料の「価値」を高めたり、場合によっては、まったく無関係の第三者を捜査機関の求める「他人の事件」の犯人として密告することさえ容易に考えられる。

今回、捜査公判協力型「司法取引」制度を提案する側は、「他人の犯罪事実」を捜査機関に密告すれば自らの罪が軽くなるこの制度は、これまで関係者の協力による供述が得にくかった暴力団やテロなどの組織型犯罪において、下位の関与者が主犯格の者や指導者の関与について供述する強力な動機付けとなり、組織型犯罪の全容を解明するための強力な武器になるはずだとそのメリットを強調する。

しかし、このような動機付けは、取引をする被疑者・被告人が、自分だけ罪を逃れるため、または他人に責任をなすりつけて自らの関与をより低く見せるため、ありもしないウソをつく動機付けにも容易にすりかわる。さらに、誤った見込み捜査と密室での強引な取調べがなされたような場合には、捜査の圧力に屈して、何ら犯罪行為に荷担していない人が、無実の他人まで犯罪に巻き込むウソをついてしまうこともありうる。実際、次章で述べるように、これまでわが国で行われてきた事実上の「司法取引」(〝闇取引〟)においても、ウソの供述で無実の人が冤罪に巻き込まれるケースは数多く存在する。

さらに取引をする際、取引をする側の犯罪事実と「他人の犯罪事実」との関連性を一切問わないものとすれば、取引をする者と取引をされる者とが共犯関係にあるような場合はもちろん、取引をする者が偶然聞き知っただけのまったくの「他人の犯罪事実」でも取引の対象となりうることとなり、無実の人間が冤罪に巻き込まれる危険性はいっそう高まる。

衆議院の審議でも、取引をする者とされる者の犯罪に何の関連性もない場合であっても取引は成立するのかという点に多くの疑問が出され、最終的に一部修正案では、検察官が合意をするか否か判断するにあたっては、「当該関係する犯罪の関連性の程度」を「事情」として考慮すべきとの文言が加えられた(修正法案第三五〇条の二)。しかし、この修正法案においても、取引をする者とされる者の犯罪の関連性は、あくまで検察官が合意するか否かを判断する際の考慮「事情」の一つとして規定されているに過ぎず、合意の「要件」そのものとはなっていない。少なくとも法文上は、取引をする者とされる者の犯罪の間に何らの関連性がなくとも、合意が成立する含みは残されている。犯罪にまったく無関係の第三者を犯人に仕立て上げてしまう危険性は、一部修正によっても払拭されてはいない。

このように、捜査公判協力型「司法取引」制度は、暴力団やテロなどの組織型犯罪の全容解明にとって有用な制度として提案されているが、実際には、他人に重い責任をなすりつけ、さらにはまったく罪のない他人を冤罪巻き込む構造的な危険性を最初からはらんだ制度なのである。

「取引」とよばない理由

ところで、この制度を本書もふくめ、マスコミや世間一般では「司法取引」とよんでいるが、特別部会ではそのような名称ではよばれておらず、法案でも一切「取引」という言葉は出てこない。特別部会では「捜査公判協力型協議・合意制度」という長ったらしく一見してわかりにくい名称でよばれている（なお、法案では「（第四章）証拠収集等への協力及び訴追に関する合意」という名称が与えられている）。衆議院の審議でも、合意制度という名称は国民にとってわかりにくい、なぜ「司法取引」とよばないのかという質問が繰り返されている。

被疑者・被告人が検察官に「他人の犯罪事実」を明らかにすることによって、他人の事件に関する捜査や公判に協力する。その代わりに、検察官が一定の恩典を被疑者・被告人に与えることを内容とする「協議」を行い、その結果成立した「合意」を文書化して交わす。このような制度の特徴を、「捜査公判協力型協議・合意制度」という名前であらわしたと提案側は説明する。

しかし、ここであえて「取引」という言葉を使わないのは、それ以外にも理由があるのではないだろうか。

わが国では一般の人たちの間に、刑事司法に「真実性」や「廉潔さ」を求める傾向が相当に強い。その是非は別としても、アメリカのように、犯罪事実さえも取引の対象となり、取引によって罪が重くなったり低くなったりすることに、ほとんどの人はある種の違和感や嫌悪感のようなものをもっている。新たに作られようとしている制度が、他人を捜査機関に売る、つまり密告することで自らの刑が軽くなる「密告奨励型司法取引」だということがわかれば、国民的な反発はさらに高まることも予想される。そのため、制度を推進したい側としてはあえて「取引」という語句の使用を避けているのではないだろうか。

しかし、この制度に規定されている「協議」と「合意」は、それぞれ利害関係を異にする当事者（被疑者・被告人と検察官）の間で行われ「取引」の過程とその結果そのものである。この制度は「他人の犯罪事実」を取引材料とするれっきとした「取引」であり、それゆえこの制度は、正しく捜査公判協力型の「司法取引」とよぶべきである。

（2）具体的な制度内容はどのようなものか

それでは、今回提案されている捜査公判協力型「司法取引」は具体的にどのような内容となっているのだろうか。制度の特徴的部分とその問題点についてもう少しくわしく見てゆこう。

取引における弁護人の関与

捜査公判協力型「司法取引」における取引の当事者は、検察官と被疑者・被告人である（法案第三五〇条の二第一項）。ただし、協議は弁護人の関与が必要的とされ（同条の四）、合意も弁護人の同意が必要であり（同条の三第一項）、合意についての書面には弁護人の連署も必要とされている（同第二項）。なお、当初案は例外的に被疑者・被告人及び弁護人に異議がないときには協議の一部については弁護人抜きでできるとされていたが、一部修正によって弁護人の関与が全てにおいて必要とされるようになった。

弁護人の関与を義務づけるこの規定は、この制度を正当化づける一つの根拠と説明されている。つまり、取引をする被疑者・被告人側の弁護人が協議と合意に入っているのだから、無理な取引や虚偽供述の強要は事前に避けることができ、冤罪の発生も防止できるというのである。

しかし、実際に取引をする被疑者・被告人側の弁護人が、具体的にどの段階から協議に参加するのかは法文上明確となっていない。弁護人が検察官と協議をする前の取調べ段階で不当な利益誘導がなされているということも十分あり得るが、その場合、協議や合意は単なる形式上のものとなり、弁護人の関与は無意味となりかねない。

また、取引をする側の弁護人は、自分が弁護する被疑者・被告人から「取引をしたいから協力してほしい」と頼まれた場合、依頼者にとって最善の弁護が要求される弁護人の義務として、その依頼を断ることは原則としてできない。そして、依頼者が取引材料として示す「他人の犯罪事実」について、時として批判的な視点をもちつつその詳細について聴取を求めることは、依頼者との間の信頼関係を壊すことにもつながりかねないから、弁護人に期待することはできない。そうなると、取引をする側の弁護人は、依頼者である被疑者・被告人の利益のため、「他人の犯罪事実」に何らか「疑い」を抱いたとしても現実には取引に応じざるを得ず、結果的に取引をされる側の冤罪に手を貸すことにもなりかねない。どのような場合でも冤罪は防がなければならないという人権感覚をもった弁護人ほど、目の前にいる自分の依頼者の利益と取引をされる側の被疑者・被告人の人権保障との間で、ジレンマに陥ってしまう可能性が高い。

さらに問題なのは、取引をする被疑者・被告人の側で弁護人が付き、協議や合意に関与していたとしても、取引をされる側、すなわち取引のターゲットとされる「他人」のほうは、捜査中に協議や合意の存在を知りうる立場にはなく、この時点ではまったく防御のしようがないということである。

制度の提案側は、合意に基づく供述などが「他人の事件」において取調べ請求されたときは合意内容書面が法廷に出てくるのだから（法案第三五〇条の八）、合意に基づく供述であることを前提として、供述の信用性を検証することは可能であるという。

しかし、合意内容書面が法廷に出てくるといっても、それだけでは取引の存在があったことを知ることしかできない。取引に基づく取調べが可視化されず（後述するように捜査公判協力型「司法取引」の対象事件と可視化の対象事件はほとんど重ならない）、事前証拠開示もままならない現状からすれば、取引をされる側が、取引をする側と捜査機関がした協議の具体的経過や合意に基づく供述の信用性を事後的に争うことは、事実上、きわめて困難である。

いずれにしても、取引をする側の弁護人にだけ取引の場面での必要的関与を規定したとしても、取引をされる側の被疑者・被告人が冤罪に陥る危険性に対しては、何らの歯止めにもならない。

警察官の関与

捜査側における「司法取引」の主体は検察官とされているものの、検察官は警察官から送致されてきた事件について協議が必要なときには、あらかじめ捜査をしている警察官と協議しなくてはならない――つまり検察官は「協議」をするための「協議」を警察官としなくてはならない――とされている。さらに検察官は、取引の対象となる「他人の犯罪事実」について警察官が現に捜査中であるなどの事情を考慮して、その「他人の犯罪事実」の捜査のため必要と認めるときは、協議における取調べや一定範囲内での恩典の提案まで、警察官にさせることができるとされている(法案第三五〇条の六)。

この規定は、特別部会の議論の最終段階で、捜査の主導権を奪われることの危機感から検察官だけが主体となる取引の制度化に消極的だった警察側委員を説得するために入れられた規定である。実際の犯罪捜査が警察主導でなされているいわば現実を「司法取引」の場に反映させる規定であり、さらには、これまで検察官が独占してきた訴追裁量に、警察が一定程度踏む込むことを実質的に許す規定でもある。

しかし、これまで冤罪を生んできた最大の要因とされる虚偽自白の多くは、警察官による取調べの段階で発生してきた。全事件・全過程の可視化に最も強く反対しているのが警察組織であることからもわかるように、長時間にわたる密室取調べを警察が手放す気配はない。そのような警察に対し、ほとんどの事件が取調べ可視化の対象外であるこの「司法取引」制度で、今まで以上に捜査の主導権を与える規定を設けて、一定範囲とはいえ恩典の提案権限まで与えてしまうのは極めて危険である。

「特定犯罪」の範囲

取引の対象となる犯罪は、法案で規定された「特定の犯罪」（法案第三五〇条の二第二項）を内容とする「他人の犯罪事実」である（同第一項）。

ここにいう「特定犯罪」の範囲については、特別部会段階における犯罪被害者側委員の要望を容れて、取引をする被疑者・被告人自身の犯罪事実と、取引の対象となる「他人の犯罪事実」のどちらもが、殺人や傷害などといった人の生命・身体に関わる犯罪を含まない——さらに死刑又は無期の懲役、禁固を除く——ものに限定されることとなり、法案もこれを引き継いだ（法案第三五〇条の二第二項）。

もっとも、法案で具体的にあげられている特定犯罪は、詐欺、恐喝や横領などといった一般刑法犯から、租税に関する法律違反や独禁法違反といった財政経済犯、そして爆発物取締罰則違反や薬物、銃器犯罪といった組織的な犯罪類型まで含んでおり、生命・身体犯を除外したとはいえ、その対象範囲はかなり広い。

制度の提案側は暴力団やテロなどの組織型犯罪主体が主な対象であるかのように説明するが、一般企業や労働組合、市民団体など、本来は犯罪と無関係な組織も対象となりうる。ライバル会社追い落としのための「密告」や、組織弾圧の手法として、悪用される危険性も払拭できない。

取引の過程と取調べ可視化の関係

法案における取引の対象事件（特定犯罪）と取調べ可視化の対象事件（裁判員裁判対象事件、検察官捜査事件）とは、贈収賄事件や脱税事件など一部の犯罪類型を除けば重なることがない。つまり、「司法取引」が行われる事件のほとんどは可視化の対象ではなく、捜査機関としては「他人の犯罪事実」に関する取引をする被疑者・被告人の取調べを録音・録画する必要がない。また、取引が行われることになった端緒や取引の経緯、それに協議や合意のそれぞれの段階についても、録音・録画は必要的とされていない。

「司法取引」が現実化した場合、取引をされた側、すなわち「他人」側が自らの潔白を晴らすためには、取引をした者による「他人の犯罪事実」についての供述の任意性・信用性とともに、取引過程の適法性についても事後的に争わなければならない場面が出てくる。しかし、取調べの全過程可視化が「司法取引」制度の対象事件全てに広がらないもとでは、「他人の犯罪事実」についての取調べがどのように行われたのかはもちろん、取引をする側と捜査機関のどちらが取引をもちかけたのか、どのような理由が実際にきっかけとなって取引に入ることになったのかといったことを事後的に検証することは極めて困難となる。

取引をされた側から「司法取引」による供述を事後的に検証できるようにするためには、取引をする側における「他人の犯罪事実」の取調べ状況はもちろん、協議に入る前段階から最終的に合意に至るまでの取引過程も、すべて可視化することが不可欠である。

「司法取引」の全過程で可視化が保障されないもとでは、「他人の犯罪事実」に関する供述の信用性判断を誤り、冤罪を生む危険性はさらに高まる。

取引で求められる行為と得られる恩典

取引で被疑者・被告人が求められる行為は、「他人の犯罪事実」について取調べに応じて真実の供述をし、証人として出廷を求められたときは証人として真実の供述をすること、そして証拠物を提出することである（法案第三五〇条の二第一項第一号）。

これに対して取引によって被疑者・被告人が受ける検察官からの恩典は、取引をした被疑者・被告人の事件について、①不起訴処分、②特定の犯罪（罪が軽い方の犯罪）での公訴提起、③公訴の取消し、④簡単な手続で軽い刑を予定する即決裁判の申立て、⑤同じく簡単な手続で軽い刑を予定する略式命令の請求、⑥特定の刑（より低い刑）を科すべきとの求刑をすること、などである（同第二号）。

ただし、これら「恩典」が事後的にすべて実現するとは限らない。検察審査会で起訴議決があった場合には、①不起訴処分の合意は効力を失うとされている（法案第三五〇条の一二）し、④即決裁判や⑤略式命令、⑥量刑の判断は、あくまでも裁判所による独自の判断としてなされるのであって、法的に裁判所の判断を拘束するわけではない。「司法取引」がなされたとしても「恩典」が実際に与えられないこともありうるのであって、そうなればこれら「恩典」の存在がはたして取引の誘因になりうるかについては疑問である。

「虚偽供述罪」の新設

被疑者・被告人が検察官との間で合意をしたうえで、その合意の対象となった「他人の犯罪事実」について、検察官、検察事務官、警察官（つまり訴追側）に対して、虚偽の供述をしたり偽造変造の証拠を提出したような場合には、五年以下の懲役に処せられるとしている（法案第三五〇条の一五第一項）。捜査機関に対する虚偽の供述を罰する虚偽供述罪とよばれる規定の新設である。

制度の提案側は、このような制裁規定を設けることによって、取引をする側の被疑者・被告人が、捜査段階で合意のうえ虚偽の供述をすることを制度的に防げると主張する。

確かにこの規定は、いったん取引をした者が、合意に基づいてした供述と異なった供述を公判ですることを防ぐという意味での威嚇効果はあるかもしれない。

しかしそれは同時に、取調べ段階で他人を罪に陥れるウソの供述をした者が、公判段階になって真実を語ろうとすることを困難にするという効果も生む。取引をする側の被疑者・被告人としては、いったん捜査段階で合意をして虚偽内容の供述をしてしまった以上、後に虚偽供述罪で訴追されるのを避けるためには、公判で取引をされる側の弁護人の反対尋問に徹底的に抵抗して、捜査段階でついたウソを「死守」しなければならなくなる。虚偽供述罪の新設は、良心の仮借に耐えきれなくなり、公判廷で真実を話そうとした者を、かえって引き返せない立場に追い込むことになりかねない。

これまで、公判廷で宣誓のうえ虚偽の証言した者が偽証罪(刑法一六九条)に問われることはあったが、捜査機関に対して虚偽の供述をしたからといって罰せられることはなかった。この規定は、捜査機関に対するウソを罰することで、結果的にウソを固め、捜査段階の合意のもとで作成された供述をほとんど絶対視するに等しい効果を生む。これでは、公判中心主義の見地から問題であるだけでなく、冤罪を防止するという観点からも弊害のほうが大きい。

2 「司法取引」制度導入へ向けての動き

(1)取調べ問題に対する関心の高まり

相次ぐ冤罪事件と取調べ可視化への流れ

このように、法案化された「司法取引」には多くの疑問点が指摘されているにもかかわらず、なぜ今、導入の動きがここまで現実化してきたのだろうか。

これまでわが国では〝裏取引〟などとよばれる表に出てこない事実上の取引は別として、法制度上「司法取引」は存在しなかった。もちろん、それではこれまでまったく「司法取引」法制化の議論がなかったわけではない。とくに法務・検察当局は早い段階から研究を進めていたようである。

しかし、「司法取引」制度は数ある司法制度改革案のなかでとりわけ優先度が高かったわけでもなく、司法制度改革の議論が始まった当初、法制化が具体的日程にのぼることもなかった。風向きが変わったのは二〇〇〇年代に入ってからである。そのきっかけは皮肉にも、警察・検察の失態によって生じた相次ぐ冤罪事件の発生と、取調べ可視化へ向けた急速な動きであった。

二〇〇三年に鹿児島県志布志市で発生した志布志事件(警察官の作り上げた架空の買収事件)では、

容疑者とされた人が警察官に親族の名前の書いた紙を「踏み字」するよう強要されるなど極めて異様な取調べがなされていたことが明るみになった（二〇〇七年無罪判決）。二〇〇二年に富山県氷見市で発生した氷見事件では、強姦事件等で容疑者とされた人の言い分を聞くこともなく、客観証拠に矛盾があったにも関わらず虚偽の自白が強要され、裁判所もその虚偽自白を信用して有罪判決を言い渡していたことが明らかとなった（その後真犯人の出現により二〇〇八年再審無罪）。二〇〇九年には、一九九〇年に栃木県足利市で発生した幼女殺し、いわゆる足利事件で再審開始が決定された（二〇一〇年再審無罪）。この事件では、科学警察研究所（科警研）の誤ったDNA鑑定とともに、取調べの初期段階から暴力を伴う強引な取調べが行われ、虚偽自白を生み出したことが冤罪の要因となった。

こうした冤罪事件がマスコミを通じて大々的に報道されるなか、自白を取るために取調室という密室の中で強引に取調べをすすめるこれまでの捜査手法は、世間一般からも広く批判の目をもって見られるようになってきた。

そして、虚偽自白を原因とした冤罪事件をなくすためには、密室で行われる取調べの過程を検証できるような制度を作るべきとの声が、これまでになく高まってきていた。それまでは弁護士や一部学者、冤罪被害者の間だけで主張されてきた取調べ過程の録音・録画、すなわち取調べ可視化の法制化要求の声である。

さらに、二〇〇九年に実施されることになった裁判員裁判制度は、裁判員にわかりやすい裁判を目指し、事前に作成された調書ではなく公判での供述を中心とすることとされた。ここでも、取調べとそれにもとづいて採取された調書中心になされてきた従来の刑事司法のあり方は見直しを迫られることとなった。

これまで密室における長時間の取調べで供述調書を取る捜査手法を中心としてきた警察、検察は、取調べ可視化を求める急速な世論の流れに危機感を強め、対応を迫られることとなった。

「新しい捜査手法」の要求

こうした流れの中で、二〇〇九年一〇月には取調べ可視化の実現を目的として法務省内に政務三役による勉強会(以下、法務省勉強会)と法務副大臣を座長とするワーキンググループが設置された。さらに翌二〇一〇年には国家公安委員長主催による「捜査手法、取調べの高度化を図る研究会」(以下、高度化研究会)が設置された。

いずれも取調べの可視化は一定不可避と想定したうえで、捜査側の今後の対応を検討する会ではあるが、ここで注目すべきは、高度化研究会はその目的において「治安水準を落とすことなく取調べの可視化を実現するため」「取調べ以外の捜査手法をどのように高度化するか」を求めていることである。これは、「『世界一安全な日本』創造戦略」(二〇一三年一二月一〇日閣議決定)として、現政権が二〇二〇年開催予定のオリンピック・パラリンピックのため、治安対策を強化するというものである。ここには、冤罪の防止などという観点はいっさい考慮されていない。

取調べ可視化へ向けた抗しがたい流れがあることを意識しつつ、この機会にこれまで議論がなされてこなかったり困難とされてきた、新しく、強力な捜査手法の実現へ向けて、その一歩進めようという捜査側の姿勢が顕在化してきたのである。

(2)在り方検討会議——取調べ可視化と「新しい捜査手法」論議

地に墜ちた検察への信頼

捜査機関による取調べの問題性について国民の関心が高まってきたちょうどそのころ、またしても大きな冤罪事件、それも今度は検察に対する国民の信頼を一気に無にするほどのショッキングな事件が発生した。

特定団体に不正に便宜を図るため厚労省職員が虚偽の公文書を発行したとされたいわゆる郵便不正事件について、当時局長だった村木厚子氏が関与していることを示すため、あろうことか捜査にあたっていた大阪地検特捜部の検察官自身が、証拠となるフロッピーディスクの内容を故意に改ざん、つまり証拠ねつ造していたことが明らかとなったのである。そしてその後、証拠ねつ造をした検察官は証拠隠滅罪で逮捕され、この検察官の上司にあたる二人の検察官も犯人隠避罪で逮捕されるに至った。さらに別の事件関係者について検察官による脅迫的な取調べの存在も明らかとなった。

郵便不正事件におけるこれら一連の事態により、検察の組織や捜査の在り方、とくに取調べを中心とした捜査の問題性についてはこれまで以上に国民が注目することとなった。

可視化と「新しい捜査手法」との引きかえ論

特捜部の廃止論まで出てくるに至って、二〇一〇年一〇月、政府は、厚労省事件によって地に墜ちた検察の信頼を回復して「検察の再生を図る」として、法曹三者や警察関係者に学者、ジャーナリスト、作家など民間有識者を加えた「検察の在り方検討会議」(以下、在り方検討会議)を設置して議論を開始した。

在り方検討会議では、検察組織の問題とともに捜査・公判活動の在り方を含め、刑事司法における多くの問題点が議論されたが、なかでも「取調べの可視化の在り方」とともに「取調べや供述調書に過度に依存した捜査・公判構造の見直し」が重要な議題となってくる。

ここで法務省内勉強会の中間取りまとめの説明として、取調べの可視化を制度化している諸外国では、同時に捜査手法として盗聴や会話傍受が広く行われており、「司法取引」についても同様に諸外国には制度が存在するという報告がなされている(第一〇回会議)。その後の議論では、「可視化だけにこの事件の対応すべき回答を見出すとしたらば現在までの取調べに過度に依存している捜査構造、それから調書に過度に依存している裁判の構造は変わらない」として、盗聴や会話傍受、おとり捜査や「司法取引」などの新たな刑事手続の検討を主張する意見が出され(第一一回会議での但木敬一委員発言)、さらには「取調べに代替する供述あるいはその他の証拠を得る仕組みというものを考えてゆくということでなければ無責任である」という意見まで出ている（第一三回会議での井上正仁委員発言）。

ここにきて委員の中からも、取調べ可視化と引き替えに、捜査側に対して「司法取引」などの新たに強力な武器を与えるべきだとの意見が強く言われるようになってきた。

捜査機関に対する「焼け太り」批判

このようないわゆる「新しい捜査手法」必要論に対しては、この時点ですでに「司法取引」などは実施している国でも共犯者の巻き込み、新たな犯罪の誘発等問題が多いとの指摘があった（第一一回会議での宮崎誠委員発言）。また別の有識者委員からは「特捜部は存続、可視化の問題は曖昧、ちょっと先送りっぽいニュアンス、そして検察官の大幅な増員、科学捜査の体制を入れよう、（中略）まるで火事場泥棒じゃないですか、焼け太りみたいな感じじゃないですか」（第一三回会議での江川紹子委員発言）という厳しい発言も出ている。

こうした議論を受けて在り方検討会議の最終提言「検察の再生へ向けて」は、「検察における捜査・公判の在り方」において、まず最初に取調べ可視化の拡大を唱えるとともに、「新たな刑事司法制度の構築に向けた検討を開始する必要性」の項で、「供述に真実の供述をするインセンティブを与える仕組み」を作るべきという積極意見と、「バランスを失するような強力な捜査手法の導入には、国民の理解が得られない」という消極意見とを併記するかたちでまとめられた。

こうして在り方検討会議は、「取調べや供述調書に過度に依存した捜査・公判構造の見直し」の名の下に、盗聴や会話傍受、「司法取引」といったいわゆる新しい捜査手法を導入すべき時期に来ているという意見が有力に唱えられる一方、その危険性についても指摘されることとなり、「司法取引」制度化の具体的論議は、次の法制審議会特別部会へと引き継がれることとなった。

3 法制審特別部会——「司法取引」制度の具体化

「司法取引」制度が重大課題の一つに

在り方検討会議の提言を受けた法務大臣は、二〇一一年五月、諮問第九二号を発し、これ以降、新たな刑事司法制度の議論は、法制審議会に設置された「新時代の刑事司法制度特別部会」(特別部会)で続けられることとなった。

特別部会の第一回会議では、事務当局から法務大臣の諮問に至る経緯と趣旨が説明され、ここで、今後検討されるべき二つの議題が発表されている。

そのうちの第一の議題が「取調べ及び供述調書に過度に依存した捜査・公判の在り方の見直し」であり、その具体例として「供述人に真実の供述をする誘因を与える仕組み」、つまり「司法取引」があげられている。ここで取調べの可視化は、次の第二の議題として説明されている。

その後の議論はかなりの部分が取調べの可視化についてではあったが、諮問における第一の議題の最初の例として「司法取引」があげられているように、「司法取引」は特別部会の議論において当初より重要な位置づけを与えられていたといえよう。

捜査公判協力型「司法取引」が最終案へ

その後特別部会では、法務省勉強会の取りまとめや高度化研究会の最終報告が資料として配布のうえ報告がなされ、取調べの可視化制度のある諸外国では「司法取引」を含む捜査手法が採用されていることが強調された。ちなみに高度化研究会の最終報告（二〇一二年二月）では、警察での取調べの可視化も一定不可欠になると想定したうえで、「取調べ手法の高度化」とともに「捜査手法の高度化」として、特別部会で議論になった新たな捜査手法（盗聴の拡大、会話傍受、量刑減免制度、刑事免責、そして「司法取引」制度）のほとんどについて検討がなされている。

特別部会において捜査公判協力型「司法取引」制度は、刑の減免制度――刑法を改正して、被疑者が自己又は他人の犯罪事実を明らかにするため重要な供述をするなどの協力をしたときには判決で刑の減軽又は減免する規定を置くもの――と、刑事免責制度――自分に不利な供述は強制されないという特権を裁判所の命令で消滅させて証言を強制する代わりに、強制された証言はその証言をした者に不利には使わないとするもの――とともに、「司法取引的な制度」としてワンパッケージで議論されてきた。

ただし、当初「司法取引」の議論は、「他人の犯罪」を取引材料とする捜査公判協力型だけでなく、「自分の犯罪」を取引材料とする自己負罪型も議論の対象とされていたが、「自己の犯罪」の取引では上位者の検挙処罰に役立たないとか「ごね得」を許すなどの理由から、議論の過程で自己負罪型は早々に除外された（もっとも、特別部会では捜査公判協力型司法取引を先行して制度化すべきとし、自己負罪型「司法取引」も今後の検討課題とされている）。

特別部会開催から一年半を経た第一九回会議において、それまでの議論の取りまとめとして示された「基本構想」では、刑の減免制度、刑事免責制度とともに捜査公判協力型「司法取引」が提案されるに至った。

その後さらに分科会に別れて専門家の議論を経て第二六回会議で示された「事務当局試案」では刑の減免制度は、「他人の犯罪」について減刑事由の存否が争われた場合の公判審理の負担が大きいとの理由で「自己の犯罪」に関する刑の減軽に限定され、さらにその後の最終案ではすべて削除された。

結局、ワンパッケージで議論されてきた「司法取引的な制度」のうち、第三〇回会議（最終回）で採択された最終案に残ったのは、捜査公判協力型「司法取引」と刑事免責の二つであった（なお、刑事免責制度も自己負罪拒否特権を一方的に奪うという点で極めて問題が大きい制度であるが、本書では触れない）。

こうして捜査公判協力型「司法取引」制度案は、他の刑事司法制度「改革」案とともに最終案に盛り込まれ、法案化となったのである。

特別部会でも出されていた多くの疑問

捜査公判協力型「司法取引」制度については、在り方検討会議に続き特別部会でも、自己の刑事責任を軽くするため罪のない他人を犯人であると供述する「引っ張り込み」や、本当は自分より犯罪への関与は低い他人を主犯格であるなどと供述する「責任転嫁」が発生する危険性が高いのではないかという指摘がなされてきた。

これに対して導入積極論からは、すでに「司法取引」を導入している他国の経験からそのような危険性はある程度回避できるのではないかとか、そのような危険性は捜査公判協力型「司法取引」に固有のものではなく共犯者には常に問題となるとか、引っ張り込みの危険等々は従来から言われてきたことであるが、かなり抽象論のレベルにとどまっているなどの意見が出た。また、この制度では被疑者・被告人側に弁護人の関与が不可欠とされているから供述する側に不利にならないはずだとか、虚偽供述や証拠の偽造・変造を行った者に対しては罰則が設けられることが信用性の担保になるとの意見も出た。

特別部会では導入消極論、慎重論もあった。例えば、仮にこのような制度が導入されるとしても、協力者の供述だけでその他人の犯罪への関与を認めてはならない、いわゆる補強法則を必要とすべきではないかとの指摘がなされた(第一四回会議の後藤昭委員)。また、取調べの可視化との関係で協議・合意の過程も全て可視化（録音・録画）すべきであるとの意見、恩典としての略式命令や求刑で特定の刑を求めることについては結局裁判所がその相当性を判断するのだから実効性が疑問であるとの意見、さらには、捜査協力の内容や合意違反の有無について裁判所が判断するにはなじまないとの意見もあった（第二五回での龍岡資晃委員発言）。

しかし、これら疑問点が提起されたにも関わらず、結局「司法取引」導入消極論は大勢になることはなく、最後は制限的とはいえ取調べ可視化を「一歩進めた」という意義を強調し、全会一致のうえで、「司法取引」を含む刑事司法改革の最終案として採択されたのである。

不十分だった論議

こうして、これまで一般的にはまったくと言って良いほど知られておらず、多くの法律実務家も制度化されることを予想していなかった捜査公判協力型「司法取引」の法制化が、にわかに現実味を帯びてきた。

しかし、捜査公判協力型「司法取引」のもつ危険性、とくに虚偽供述による第三者の引っ張り込みや責任のなすりつけを生む危険性については、特別部会においても深い議論があったとはいえず、数々の疑問点に対して十分納得できるような回答は到底得られていなかった。

特別部会の議論のなかでは、引っ張り込みやなすりつけの危険性について「それは抽象的レベルに止まる」という批判があったが、それでは過去の冤罪事件のような具体的な事件を題材とした深い議論があったかと言えば、そのような議論はまったくなかった。

今回の「司法取引」制度は、取調べ段階における協議・合意によって「他人の犯罪事実」の供述を得やすくすることを目的とするものである。つまり、これまで以上に取調べを重視する制度であり、供述調書重視の捜査手法といえる。このような制度が、特別部会の第一の課題であったはずの「取調べ及び供述調書に過度に依存した捜査・公判の在り方の見直し」とはたして合致するものなのか、むしろ真っ向から反する制度なのではないかという根本的な疑問は、いまだ議論が深められないまま残されている。

それでは、法案が提出された後の国会(衆議院)論戦はどうだっただろうか。

衆議院に法案が提出された後、野党はこれまで述べたような捜査公判協力型「司法取引」の問題点を取り上げ、そろってその危険性について指摘した。さらに、国会審議の途中に提出された民主党単独修正案、民主党・維新の党共同修正案は、いずれも「司法取引」については削除するというものであった。ここにきて、これまで不十分であった捜査公判協力型「司法取引」制度の危険性、そしてその制度化の是非の論議がようやく本格化してきたかのようにみえた。

ところが、土壇場の局面で、法案の提案側である与党自民党、公明党に加え、法案に批判的であった民主党、維新の党までも加わった一部修正案が提出され、賛成多数のうえ採択された。この一部修正案は、検察官が合意をするか否か判断するにあたって考慮すべき「事情」に、取引をする側とされる側の犯罪の「関連性の程度」を加えることと、協議の場面での弁護人介在を必要的とすることの二点について若干修正を加えたにとどまり、あらたな冤罪を生みかねない捜査公判協力型「司法取引」に対する根本的な批判に十分応えるものではなかった。

こうして、在り方検討会議、法制審、衆議院における捜査公判協力型「司法取引」制度の論議は、数々の疑問点を残したまま終わっている。

4 もう一度徹底した論議を

在り方検討会議や特別部会を設置した当初の理念さかのぼってもう一度考えてみれば、今回の刑事司法改革の議論の発端は、相次ぐ冤罪事件を生んだ捜査手法、とりわけ密室での取調べを中心とした捜査手法であった。それゆえ取調べの可視化が叫ばれ、国民も注視していたのである。

ところが、いつの間にか議論の流れは取調べの可視化を制限する一方、「新しい捜査手法」導入の名目で、盗聴の拡大や新たな冤罪を生みかねない「司法取引」の制度化など、捜査機関に新たな、そして強力な武器を与える方向へと向かっていった。

このことを裏付けるように、国会にこの法案が上程された際、上川陽子法務大臣はその趣旨説明において、在り方検討会議以来言われてきた「取調べ及び供述調書に過度に依存した捜査・公判からの脱却」とともに、「国民が安全で安心して暮らせる国であることを実感できる、世界一安全な国日本をつくるという観点」もこの法案の趣旨であると説明した。

政府はこの法案が、単に取調べの可視化を制度化するためのものなどではなく、捜査機関にこれまでになかった強力な武器を与える、いわば治安立法としての側面があることを強調している。昨今、秘密保護法制や安全保障関連法制などの治安・軍事法制が次々と国会に上程成立してきたが、冤罪防止と取調べの可視化という美名のもと、それと一体として捜査権権限を拡大し、治安立法を強化するという政府の姿勢が、はからずも刑事訴訟法の「改革」の面であらわれているのではないだろうか。

法制審では取調べ可視化と一体化したものとして最終案を受け入れた日本弁護士連合会であるが、本来徹底して被疑者・被告人の人権を護る立場にある弁護士が、あらたな冤罪を生む危険性のあるこの制度についてまで、無批判に受け入れる必要はまったくない。むしろ、捜査公判協力型「司法取引」がもつ危険性について、積極的に警鐘を乱打する役割を果たすべきであろう。

私たちはここで今回の刑事司法改革においてその原点であったはずの冤罪を防止するという観点にたち帰らなければならない。そして新たに導入されようとしている捜査公判協力型「司法取引」が、冤罪を生む構造的な危険性を最初からはらんだ制度であることを正確に捉えなければならない。そのうえで、はたしてこの捜査公判協力型「司法取引」制度がわが国の刑事司法にとってほんとうに必要なのかどうか、その制度化の是非も含めて、もう一度徹底した論議をする必要があるのではないだろうか。

第2章 日本の「闇取引」

今村 核

1 他人の罪を明らかにし、自分の罪を軽くする司法取引とは

アメリカでの悲惨な実情

アメリカでは、一九八九年を最初の事例として、今日まで、有罪とされた後、DNA鑑定が行われて犯人遺留精液等と本人のDNA型が不一致となり、無実が明らかとなって釈放された例が三三〇ある。その誤判原因の検討も行われ、目撃証言の誤り、虚偽自白、その名に値しない「科学鑑定」、虚偽の密告者などに分類される。アメリカでは、他人の罪を明らかにし、自分の罪を軽く処分してもらう司法取引制度がある（アメリカ連邦刑事訴訟規則三五条）。ここでは同じ拘禁施設にいた者が司法取引により、「犯行告白を聞いた」と証言し、有罪とされたが、その後DNA鑑定により無実が明らかにされた事例をひとつだけ紹介しておく。

元被告人は、オクラホマ州のエイダという田舎町に住んでいたロン・ウィリアムスン（元野球

選手）、デニス・フリッツ（元生物学教師）の二人だ。一九八二年、女子学生が自室で強姦され、殺害された事件で、一九八八年、二人が逮捕、起訴された。二人を犯罪と結びつける証拠は乏しく、ロンが被害者女性の近所に住んでいたこと、犯行前夜、ロンが被害者の勤務先のダンス酒場で、しつこく被害者にダンスを申し入れていたとのグレン・ゴアの供述ぐらいだった。フリッツは当時、妻を殺された喪失感からいつもロンと一緒に夜遊びをしていた。犯行現場に、被害者とも、ロンともフリッツとも一致しない血だらけの掌紋があり、これが逮捕の妨げとなっていた。警察は、被害者の墓を掘り返し、これが被害者のものであると断定。二人の逮捕に踏み切る。

裁判では、ロンと同じ拘禁施設に偽造小切手行使の罪で拘束されていた女性（テリ・ホランド）が、ロンから「犯行告白を聞いた」と証言した。しかも内容は細部にわたり、たとえば「肛門にコーラの瓶を入れて栓が残った」と聞いたと証言した。実際はトマトケチャップの蓋だったので、彼女は検察官に誘導されて、そのように証言し直した。フリッツのかつての同室者ジェームズも、「ある日フリッツが涙を流しながら、『俺たちは決してあの娘を傷つけようとしたわけではなかったんだ』と言い、指紋を拭くなどの証拠隠滅を行ったと犯行を告白し、『私には娘がいるから決してこのことは言わないでくれ』と口止めした」と証言した。

その他、遺留毛髪の色と形状が両名と似ていると鑑定人が証言した。陪審員は、密告者（スニッチ）らの証言が「犯人しか知り得ないことを語っている」と考え、信用してしまい、有罪の評決をする。その後、ロンは死刑に、フリッツは仮釈放のない終身刑に処せられる。ロンの死刑執行寸前、一九九九年、人身保護請求を受けた連邦地裁で裁判のやり直しが命じられ、連邦高裁もこれを支持。DNA鑑定が行われ、犯人遺留精液との比較から二人の無実が証明される。

ロンの犯行告白を聞いたと証言した女性は、別の女性の誘拐・殺害事件（カール・フォンテノット事件、彼の自白は、ある小屋のなかで殺害したというものだったが、その小屋そのものが、事件の一年前に壊されなくなっていた）でも犯行告白を聞いたとして無実の二人を死刑に陥れ、その代わりにいくつもの偽造小切手事件を不起訴にしてもらい、刑期を短くしてもらっていた。色と形状が似ているとされた現場に遺留された毛髪ももちろん、DNA型がロン、フリッツと一致しなかった。本件の真犯人は、ロンがダンス酒場で被害者にしつこく言い寄っていたと虚偽を述べたグレン・ゴアで、犯人遺留精液のDNA型が、ゴアのDNA型と一致し、毛髪のDNA型とも一致した。一二年ぶりに釈放されたロンは精神を病み、実年齢より二〇歳は老けて見えた。

他人の罪を明らかにし、自分の罪を軽く処分してもらう司法取引制度があるアメリカでは、このような例は決して希ではない。

ギャレットの『冤罪を生む構造――アメリカ雪冤事件の実証研究』（日本評論社、二〇一四年）は、有罪後DNAテストで救済された第一号事件から第二五〇号事件の記録を調査し、誤判原因別に分類している。それによれば二一％（五二名）が「スニッチ」による誤判だった。事例は紹介し切れないが、ロンとフリッツの事件と同様に悲惨なものばかりだ。

アメリカでは、この弊害にかんがみて、現在、刑事司法の在り方に対する深い反省と改革が行われつつある。

他人の罪を明らかにし、自分の罪を軽く処分――日本の闇取引の例

日本では、アメリカのような悲惨な実情はなかったのだろうか。日本には「捜査・公判協力型司法取引」が制度上存在しなかった。しかし、いわば「闇取引」として、他人の罪を語ることにより、自分の罪を軽く処分してもらう約束をしたのではないかとの疑いが濃厚な事件は存在する。

以下、他人の罪を明らかにする供述をしたが、その供述が嘘で、冤罪であることが判明した事件を中心に、この「闇取引」の有無を検討し、正式に日本版「司法取引」が導入されれば、これら冤罪事件はどのようなことになるのか、検討をしたい。

事件を類型化すれば、基本的に、「他人の罪」と「自分の罪」が同じである場合、つまり「共犯型」と、「他人の罪」と「自分の罪」とがまったく関係のない場合、すなわち「他人型」とを分けて検討することができる。

さらに「共犯型」は、共犯者が真犯人で、無実の者をひっぱり込み、または自分とすりかえるケースと、共犯者自身、無実で、虚偽自白をさせられた後、さらに共犯者について虚偽の供述をさせられるケースがある。

「他人型」の場合、拘禁施設で雑居房に拘禁され、そこで犯行告白を聞いたというケースと、拘禁施設外で、知人から犯行告白を聞いたというケースがある。

2 真犯人が無実の者を巻き込むケース――「共犯型」①

共犯者供述の「引き込みの危険」「すりかえの危険」

古くから、「私は犯人だが、誰それと一緒にやった」という「共犯者の供述」は「引き込みの危険」があるとされてきた。自分の責任を軽くするために、無実の人と一緒に犯罪をやったと嘘を言い、他人を巻き込む危険があるということだ。

その古典的な事例が「八海事件」であり、映画「真昼の暗黒」（今井正監督）でも描かれた。事件は一九五一年、山口県で発生した強盗殺人事件である。老夫婦が殺され、あたかも夫婦喧嘩のあげく、妻が首つりで自殺したように偽装されていた。真犯人Xはほどなく捕まり、自白をしたが、山口県警は、「単独犯行ではない」との見込みを立てた。現場を首つり自殺のように偽装することが、一人では行えないと考えたのである。そこで警察はXに、「お前だけでやったわけじゃないだろう。他の人間の名前を言え」と責め立てた。Xは、たとえば六名でやったと言えば、何となく自分の責任が六分の一に軽減されるように感じたのか、警察の誘いに乗って、知り合って間もない阿藤周平氏ら五名の地元の人たちの名前を上げる。明確なアリバイがあった一名を除き、四名が逮捕され、警察署の道場で拷問を受けた。やがて全員が「五名でやった」と虚偽の自白をして起訴に至る。

裁判では、Xを除き無実を主張するが、一、二審で主犯とされた阿藤氏が死刑、Xは死刑を免れて無期懲役となった。前述の映画「真昼の暗黒」は、控訴審で阿藤氏ら全員が有罪となり、面会にきた母親に「まだ、最高裁判所があるんだ！」と拘置所の面会所の金網にしがみつきながら叫ぶ有名なシーンで終わる。Xを除く四名は上告し、第一次上告審で一、二審判決は破棄され、広島高裁に差戻しをされる。その後、差戻し審は、被告人ら全員を無罪とするが、第二次上告審で再び破棄、差し戻され、裁判が確定したのは第三次上告審が破棄・自判（Xを除き全員無罪）した一九六八年であった。

真犯人Xは、裁判では「五名で一緒にやった」と言い続けて死刑を免れたが、一、二審判決後、「私の単独犯行だ」と述べたり、「五名で一緒にやった」と翻したりした。この真犯人Xは、「他人の罪を明らかにする」ことにより、「自分の罪を軽く処分された」のである。検察にとっては、捜査段階で、拷問により獲得した虚偽の自白調書に加え、この真犯人Xの「五名で一緒にやった」との法廷での共犯者供述こそが、有罪判決を獲得するための頼みの綱であった。それゆえ、法廷証言の前にはXと綿密に打ち合わせ、求刑においても「捜査に協力し、反省悔悟している」として死刑を回避した。

類例は枚挙に暇がない。梅田事件（一九五〇年発生）は、北海道北見市の営林署の職員を、公金を持参させておびき出し、殺害して金銭を強奪した事件である。営林署の職員が公金を横領して失踪したように見せかけ、発覚を免れようとしていた。翌年、同様に公務員が公金を横領して失踪したように見せかけ、その実殺害して金銭を強奪した第二事件が発生し、真犯人の羽賀が、この第二事件の犯人として逮捕された。羽賀は当初、第一事件、第二事件とも自白したが、途中から第一事件の殺害の実行犯は自分ではなく、軍隊で一緒だった梅田氏だったとすりかえて供述する。これを信じた警察官らは梅田氏を逮捕し、激しい拷問を加え虚偽自白を得た。一九八六年、梅田氏の再審請求により、羽賀の共犯者供述や梅田氏の虚偽自白があまりに不自然、不合理であることが認められ、釧路地裁で再審無罪判決が出た。無実の叫びが通るまで三四年間かかった。羽賀は死刑が確定し、一九六〇年に執行されたが、最後まで「第一事件の殺害の実行犯は梅田」と言い続けた。死刑が確定した羽賀にとって、このように言い続けることによる「利益」とは、法務省・検察との暗黙の取引により、少しでも執行を先延ばしすることにあったのであろうか。今となっては謎である。

「郵便不正事件」における共犯者供述

共犯者供述により、冤罪に陥れられる危険は現在の刑事司法においても変わらない。二〇一〇年に大阪地裁で無罪判決を受けた村木厚子・元厚生労働局長の「郵便不正事件」は、捜査段階に大量に作成された「共犯者」らの供述調書により、冤罪に陥れられる寸前で救済された事件である。

記憶に新しい読者の方も多かろうが、ここで同事件をかんたんに振り返っておこう。同事件において大阪地検特捜部が描いた「ストーリー」は以下のようなものだった。

① 二〇〇四年、障害者団体を名乗るも、その実態がまったくない「凛の会」は、障害者団体であるとの虚偽の公的証明書の発行を厚労省より受け、心身障害者用低料第三種郵便（注：障害者用の定期刊行物を一通八円で郵送できる）を利用して、企業の宣伝広告用のダイレクトメールを発送し、広告料を得ようと計画した。

② 「凛の会」の会長の倉沢氏は、二〇〇四年二月二五日午後一時、議員会館に、かなり昔、一年ほど秘書を務めたことがある民主党の石井一《はじめ》参議院議員のもとを訪ね、証明書の発行につき厚労省に口添えを依頼した。

③ 石井一議員は同日、厚労省の塩田幸雄、援護局障害保健福祉部長に電話をして、「凛の会」に公的証明書を発行することを依頼した。

④ 塩田部長は、承諾して企画課長の村木厚子が担当する旨を伝えた。その理由は、塩田部長は、依頼時に「障害者自立援助法」を円滑に成立させたいと強く願っており、そのため野党の大物議員である石井一氏の機嫌を損なうことなく、その依頼案件を処理することが必要と考えたためだった。

⑤ 塩田部長は、部長室に村木企画課長をよび、石井一議員からの依頼であることを伝えたう

えで、「凛の会」が低料第三種郵便の適用を受けられるように公的証明書の発行に便宜を図るよう指示し、村木氏は了承した。村木氏が了承した理由は塩田氏と同じであり「障害者自立援助法」の円滑な成立を強く願っていたからであった。

⑥「凛の会」の倉沢氏は、村木氏にしばしば公的証明書の発行を早くしてくれるよう要請し、これを受けて、村木氏は二〇〇四年六月上旬ころ、部下である上村係長に対して、五月中の日付で公的証明書を作成して村木氏のところへ持参するよう指示をした。

⑦上村係長は、二〇〇四年六月上旬ころ、社会参加推進室の職員が帰宅した深夜、誰もいないところで同年五月二八日付の内容虚偽の公的証明書を作成し、翌早朝、同書面に企画課長名の公印を押捺し、これを村木氏に手渡した。

⑧村木氏は、偽の公的証明書を受け取りにきた「凛の会」の倉沢氏に対して、企画課長の机越しに「何とかご希望に添う結果にしました」などと言いながら倉沢氏に手渡した。倉沢氏は、まるで卒業証書を受け取るように、おじぎをしながらこれを受け取った。

要するに、【「凛の会」倉沢】→(要請)【石井一参議院議員】→(依頼)【塩田部長】→(指示)【村木課長】→(指示)【上村係長】→(交付)【村木課長】→(交付)【「凛の会」倉沢】という一連の流れを示すものである。

この検察ストーリーを支えているのは、「凛の会」の倉沢氏、塩田部長、上村係長らの大量の供述調書（大阪地検特捜部の検事が作成したいわゆる検察官面前調書）等であり、いずれも石井議員から塩田部長への電話、塩田部長から村木課長への指示、村木課長から上村係長への偽の公的証明書の作成指示や、村木課長から倉沢氏への証明書の交付などが詳細かつ具体的に述べられていた。捜査段階で「否認」しているのは村木氏だけであり、村木氏は他の「共犯者の供述」の包囲網の中にあった（石井一参議院議員については、起訴前にはなぜか事情聴取されていなかった）。

くずれる検察ストーリー

しかし、公判が開始すると、検察官が請求した証人たちは、くずれ、あるいは多くの証人が供述調書を覆し、供述調書がいかにデタラメに作文されたかを訴えた。「凛の会」元会長の倉沢氏は、おおむね供述調書に近いことを述べた。同氏は村木課長が、机を挟んで、公的証明書を渡してくれて、まるで卒業証書を受け取るように深々と礼をして受け取ったと詳細かつ具体的に証言した。しかし当時の厚生労働省の村木課長の机の向こう側は人の背の高さより少し低いだけの遮蔽版となっており、その遮蔽版の先には奥行約三〇センチのロッカーが置いてあり、そのような机越しに卒業証書を授与するように公的証明書を渡すことなどできなかった。検察は現場の実況見分も怠り、いかにも臨場感にあふれた描写を「作文」したため、あからさまに現場の状況と食い違ってしまった。倉沢供述の信用性に大きな疑問符が付いた。

また、石井一議員は、手帳をこま目につけており、倉沢氏と議員会館で会ったとされる二月二五日午後は、千葉県のゴルフ場でゴルフをしていたと記載されていた。前田主任検事は起訴後、その手帳を石井一氏本人に提示されながらペラペラとめくるだけで内容の確認を怠った。検察官は弁護側から手帳が証拠として請求された後、ゴルフ場に問い合わせて裏付け資料の交付を受けていた。検察官は、石井一議員の反対尋問で裏付け調査を行ったことをうかがわせることを述べたため弁護人に鋭く追及され、裁判官に促されてゴルフ場からの裏付け資料を提出せざるを得なくなった。これにより、石井一議員に議員会館で要請をしたという倉沢供述は、くずれ去った。

次に、塩田部長は、供述調書を完全に覆し「これは壮大な虚構かもしれない」などと述べた。彼は、取調べ担当の林検事から、「石井一議員からの電話記録が残っている」と言われ、「客観的な記録が残っているのならば、私が記憶していないだけかもしれない」などと記憶に自信がなくなり、そのため検察官の誘導にのって虚偽の作文調書にサインをしたと述べた。しかし「電話記録が残っている」ことは後に取調べ担当検事も否定し、嘘だとわかった。彼は大阪地検によび出される直前に、東京の自宅の家宅捜索を受け、いろいろな贈答品が見つかった。塩田部長はそのことを追及され、罪に問われたり、逮捕されたりすることを極度におそれていたようだ。塩田部長の供述調書では、石井一議員の依頼を承諾した理由が、「障害者自立支援法を円滑に成立させるため、野党とはいえ大物議員の機嫌を損ねないようにしようと思ったからだ」となっていた。そのため村木課長に指示したときに村木課長も同様の理由で承諾をしたこととされていた。しかし、依頼があった二〇〇四年二月、「障害者自立支援法」はまだ影も形もなかった。「障害者自立支援法」のグランドデザインができ上がったのが同年九月、法案化されたのは翌二〇〇五年であった。したがってこの「犯行動機」は明らかに時期がずれていておかしく、以下すべてのストーリーのひとこまずつが、将棋倒しのようにくずれていく。

「凛の会」倉沢氏は村木氏にしばしば要請をしたというが、両者は本当に面識があったのか。倉沢氏の事務所、自宅の捜索、村木氏の自宅や職場の捜索により、お互いに一枚の名刺も持っていないことが判明していた。とくに倉沢氏は、少しでも役に立ちそうな名刺は本当に几帳面にファイルして保管していたという。もし本当に倉沢氏が村木氏に要請を重ねていたのであれば、そのファイルに村木氏の名刺が一枚もないのはかなりおかしい。

上村係長は、捜査段階で検事の言いなりに、供述調書にサインをしていたが、他方拘置所で「被疑者ノート」をつけており、「被疑者ノート」に彼の本音が書かれていた。上村係長は、当初は自分の単独犯行であることを述べていたが、検察官に「ストーリー」を語って聞かされた。彼は、村木氏を陥れる「パズルのピースの不可欠なひとこま」にされようとしていることに気が付いていた。上村氏は、起訴後、保釈されてからは、「自分の単独犯行である」と一貫して述べていて、法廷でも、村木さんからの指示も、村木さんに偽りの公的証明書を交付したこともなく、公的証明書は、六月一日の深夜に作り、同日早朝、厚生労働省の隣の弁護士会館の食堂「メトロ」で倉沢氏に交付した証言した。稟議書も自分で偽造したと証言した。上村係長への村木課長の公的証明書作成の指示の時期は、検察ストーリーでは「六月上旬」とされていた。上村係長の供述調書では六月七日に村木課長より作成を指示されたとなっていた。しかし、その虚偽の公的証明書のファイルが入ったフロッピー・ディスクのプロパティー欄を印刷した紙によれば、公的証明書の「最終更新日」が六月一日の深夜○時すぎとなっていた。以後更新の記録はない。したがって、六月七日に、村木氏が上村氏に公的証明書の作成を指示したというストーリーの重要部分は、物的証拠に照らして虚構であることが判明した（前田元主任検事がフロッピー・ディスクの最終更新日の日付を六月一日から六月七日に改竄して上村氏に還付していた証拠改竄事件が無罪判決後、明らかになったことは周知のとおり）。

以上、検察ストーリーの①〜⑧のうち、①を除き、すべてが崩壊した。この郵便不正事件では、幸い、多くの証人が、供述調書がデタラメであることを法廷で証言した。以下、この「共犯者の供述」が、どうして作成されてしまったのか、そこに「他人の罪を明らかにする供述をする代わりに、みずからの罪を軽くし、あるいは見逃してもらう」という今回導入されようとしている「司法取引」と同じ動機が働いていないか、を検討する。

虚偽の共犯者供述の動機

「凛の会」の設立メンバーの河野氏は、大阪地検特捜部の国井検事の取調べを受けた。国井検事はいつの間にか、「石井一」の秘書をしたことがある倉沢を通じて石井一に接触し、その政治力で、厚労省の課長だった村木厚子や係長の上村と共謀して、内容虚偽の公的証明書を作成した」と検察ストーリーに沿った調書を作成してきた。河野氏は言う。

「国井検事は、キレタ中学生のような目をして立ちあがり、机を叩いてサインを迫り、『お前は逮捕しないから、協力してくれ』と言うので、その言葉を信じて、署名した」

しかし、河野氏は結局逮捕されるのであるが、その次には、「保釈してやる」ということをえさに、虚偽の供述調書に署名をしている。実際、保釈の求意見（被告人から保釈請求があったときに、裁判官が決定の前に検察官の意見を求めること）に対する回答において、検察官は「保釈相当」「保釈金額は一〇〇万円が相当」とまで書いていて、実際に一〇〇万円の保釈金の納付で保釈されている（いわゆる相場に比し、かなりの低額である）。

上司の塩田氏は、前述のように、家宅捜索をされ、贈答品等を押収されてそれに関する調書を作成されて、何か立件されるのではないかとおびえた心理状態にあったところ、「石井議員から塩田氏への電話記録がある」と嘘を言われて、動揺して調書の作成に応じている。しかし、それればかりとも考えられない。もし塩田氏の供述調書が真実であれば、虚偽公文書の作成を上司として村木氏に指示した塩田氏も、虚偽公文書作成罪の共犯者として立件されなければ、非常におかしい。しかし塩田氏は起訴されておらず、逮捕もされていない。このことは、検察側は、塩田氏を郵便不正事件で起訴もしないし、別件の贈答品等の件での起訴もしない、と約束し、その代わり塩田氏は供述調書に署名する、との「司法取引」が闇で行われたことを濃厚に疑わせる。
部下の上村氏はどうであろうか。上村氏については同氏が作成した「被疑者ノート」が出版により公開され、また虚偽の供述調書に署名をした心境を語った座談会が行われている（村木厚子（聞き手・構成：江川紹子）『私は負けない』中央公論新社、二〇一三年）。上村氏は、取調べを担当した国井検事に「あなたの言っていることだけが違っていて、浮いているんだよ」と攻められ、「あなたがよく覚えていないんだったら、周りの意見を聞いて総合的に判断するのが合理的じゃないか。最後は多数決でやっていかないと真実は見えてこない」と説得されたそうだ。郵便不正事件自体は取調べを受ける五年前のことである。しかし上村氏は自分が単独で犯行をしており、村木氏が関与していないことははっきり憶えている。しかし検察官は、「検察ストーリー」に沿った調書をしゃべりもしないのに勝手に作成してきて、署名・押印を迫る。上村氏はいう。
「……僕は村木さんと違って、実際に罪を犯しているんです。そういう者と検事では圧倒的に力が違って、思ったことが率直に言えない。最初に洗いざらい話したのに、取調べは終わらない。それで再逮捕される。再々逮捕なんていくらでもできるだろうから、こういう状況が永遠に続くんじゃないかと思っちゃう。……とにかく早くここを出たい。村木さんを犠牲にしてでも早く出て裁判所で訴えるようにしないと……というふうに思ってしまった。本当にごめんなさい」（同書一五八〜一五九頁）
上村氏のこの発言によれば、上村氏が虚偽の供述調書に署名をした理由は、「自分の罪を軽くしたい」こともあったかもしれないが、「早くここから釈放されたい」という今、現在の苦しみから早く逃れたい、という気持ちがより強く働いたようだ。これは、次節で述べる虚偽自白の心理とかなり似ている(ただし、検察官が、被疑者がしゃべりもしないことを勝手に作文して供述調書を作成してきて、署名だけを迫るというやり方は、この大阪地検特捜部の取調べにおいて顕著である。しかし次節で述べる警察で行われている「正解に達するまで許されない取調べ」とはずいぶんと様相が異なる。つまり警察では、被疑者が「正解」を口にするまでは許さず、何度でも訂正をさせて「正解」を口にしてからこれを調書にするというやり方が主流である。これがなぜかについては次節で考える)。

虚偽の供述調書に署名した理由はそれぞれニュアンスが異なるが、「自分の罪を軽くする」ことに加え、「とにかく早く釈放されたい」という気持ちも働いている。つまり、「司法取引」は、「将来の罪を軽く処分する」ことだけでなく「逮捕しない」、「保釈してやる」といった、身柄の拘束と闇取引していることがわかる。

日本の刑事裁判の特色は「人質司法」と指摘されて久しく、長期身柄拘束が行われるが、その中で「否認していれば決して釈放しないが、自白すれば比較的早期に釈放する」との運用が行われている。そして、逮捕、勾留などの決定をするのは裁判官であるが、ほとんど、検察官の請求が認められるのが現状であり、実際に身柄拘束の決定権限を握っているのは検察官であると言われるほどだ(統計上も、たとえば勾留請求却下率は二〇〇五年の司法統計年表によれば、地方裁判所で〇・七五%、簡易裁判所で〇・一五%に過ぎない)。

日本における「人質司法」の現状のもとでは、闇の「司法取引」は、「自分の罪を軽く処分してもらえる」ことだけでなく、「早く釈放してもらえる」との恩典にあずかれることが大きな比重を占めると言えよう。

司法取引が導入されていたら、郵便不正事件はどうなっていたか

郵便不正事件においては、他人（村木氏）の罪を明らかにする「共犯者の供述」を得るために、闇取引として「自分の罪を軽く処分してやる」との司法取引が利用され、上司（塩田氏）や部下（上村氏）の供述調書が作成された。これに加え「人質司法」と言われる日本の刑事裁判のなかで、身柄拘束をいくらでも続けられるのではないか、という恐怖により追い詰められ、虚偽の供述調書が作成された。

闇取引である間は、検察官の「軽く処分する」との約束も、いつ反故にされるかわからないものである。しかし、正式の取引として合法化されれば、その取引内容は、正式の約束であり、決して反故にはされないという安心感が生まれる。したがって、他人を犠牲にしてでも、自分の利益を確かなものにしたいという虚偽供述のより強い誘因として働くことは間違いない。しかも、後述するように、今回の法案では司法取引において虚偽の供述をすれば、「虚偽供述罪」（法案第三五〇条の一五、一項）で処罰されることとなる。

郵便不正事件においては、公判廷で、虚偽の供述調書を作成された証人らが、次々と法廷で

供述を覆したことが、無罪判決の大きな理由となった。「虚偽供述罪」が導入されれば、こうして法廷では真実を語ることがより困難となる。この郵便不正事件も、結論がどのようになっていたのか、わからない。

そもそも、「新時代の刑事司法制度特別部会」は、この郵便不正事件における検察の不正を反省するために生まれたものである。しかし、同部会の答申にもとづいた法案は、「取調べの可視化」が全公判請求事件の約二％だけの実施にとどまり、その代わりに日本版「司法取引」制度等の問題のある制度を導入する。そのため、郵便不正事件が、この制度のもとでどうなるか、を考えると①取調べの可視化もなく、②虚偽供述罪の導入により法廷で捜査段階の供述調書をくつがえすことが困難であり、結局、救済されなくなる可能性がある。これでは正反対の結論が導きだされたことになる。「一体、何をやっているんだ」との怒りとともに、滑稽感すら覚える。

3 共犯者自身も無実の場合──「共犯型」②

共犯者が多数の事件で、全員が無実という場合がある。こうした事件では、何名かの被疑者が捜査段階で虚偽自白をさせられ、それだけでなく、共犯者として数名の名をあげて「一緒にやった」と供述させられる。捜査段階で否認を貫く被疑者もいるが、否認を貫いた被告人らに対しても、「共犯者」の自白調書（同時に、他人の罪を明らかにする供述調書にもなっている）が、検察官により、有罪の証拠として公判で提出される。

公判では、捜査段階で虚偽自白をした被告人らも否認をして「捜査官に嘘の自白をさせられた。だれそれと一緒にやったとの供述も嘘である」と主張する。こうした事件は昔から多くあり、典型例は松川事件（一九四九年発生）などである。少年であった赤間氏の「赤間自白」は、虚偽自白であるだけでなく、無実の他人を巻き込む「共犯者供述」であり、赤間氏は公判で必死になって、全部が嘘であることを訴えるが、裁判官に信じてもらえない。赤間氏ら数名の被告人の捜査段階の供述調書だけで、否認を貫いた被告人らも全員が一、二審は死刑を含む有罪とされてしまう（一九六三年第二次上告審で全員の無罪が確定）。

最近でも同じ構造の事件は絶えない。たとえば一三名の無実の被告人が公職選挙法違反に問われた鹿児島の志布志事件などがある。

人はなぜ虚偽自白をするのか

この場合、他人を巻き込み、他人を罪に陥れる供述をしてしまう動機は、虚偽自白をしてしまう動機の延長として理解することができる。虚偽自白をする動機は、多くは取調べのつらさに耐え切れずに、捜査官に迎合して今、楽になりたい、という気持ちが、将来、裁判になって死刑や無期懲役になるかもしれない、という不安を上回るからである。真犯人であれば「死刑」というのは生々しい現実感をもって迫ってくる。しかし無実の者には、その現実感が決定的に欠如している。自分がどうして今、警察に連行され取調べを受けているのかよくわからない、というポカンとした思いがある。裁判は、はるか将来のことに感じられる。それに比べて、取調べのつらさは、今の、現実の苦しみであり、一分間がおそろしく長く感じられるような苦痛の連続である。死刑や無期懲役になるかもしれないという予測は、現実的なものとは感じられず、十分な抑止力とはならない。「まさか、そんなことが起こるはずがない。だって俺は無実だから」と思う。虚偽の自白をして今現在の、取調べの現実の苦しみからのがれ、楽になる方向に天秤がぐんと傾くというわけだ。

被疑者は「私がやりました」と嘘を言って、それで全部終わりだと思う。しかし捜査官は、そんなことでは許してくれない。「どうやったのか」の詳しい説明を求められる。しかし無実であれば、犯行を知らないから、説明をしたくてもできない。想像で答えることとなる。すると、犯行現場の状況等と矛盾し、捜査官に「違う」と言われる。そして何度も言い直しをさせられて、「正解に達するまで許されない取調べ」を受けることとなる。ひとこまひとこま「正解」に達するまで、かなりの時間がかかる。したがって、捜査官が知る現場の状況とおおむね符合する自白調書を作成するのに、非常に長時間の取調べが必要となってくる。「私がやりました」と虚偽自白させるためには、重大事件であっても、多くの場合は二、三日あれば十分であることは、過去の事例が示している。しかし「どうやったのか」を説明する自白調書を完成させるためには、二三日間が必要なのである。

嘘の共犯者供述の心の葛藤

被疑者の単独犯行ではないとされ、共犯者数名と「一緒にやった」と供述させられる場合、被疑者には、その共犯者らが現実に犯行をしたのかどうか、わからないことも多い。たとえば、「布川事件」（一九六八年茨城県布川町で発生した強姦殺人事件で、杉山氏、桜井氏が二人でやったとの虚偽の自白調書をもとに有罪とされた事件。二〇一一年再審無罪判決確定）では、元被告人の桜井氏は、刑事の取調べを受けている間、「杉山がひとりでやった」と思い込んでいたという。したがって桜井氏は、「杉山を巻き込んでいる」という罪悪感はなかったであろう。桜井氏はたんに、今現在の取調べの現実の苦しみと、遠い将来の可能性として、彼にとってはきわめて現実感の乏しい「もしかしたら無期懲役になるかもしれない」という気持ちの葛藤しかなかった。

他方、次に検討する「志布志事件」の場合、四回の買収の会合が行われたとされたのはN議員の経営する会社の従業員であるF宅であった。しかし四回の買収会合は、すべて架空であった。買収どころか、F宅での会合自体がなかった。Fはもちろんそのことをよく知っていた。したがってFは自分のみならず、他の「共犯者」たちも無実であることをよく知っていた。しかし鹿児島県警の取調べ圧力は尋常ではなく、Fは「会合」について虚偽の供述をせざるを得ず、架空の「会合」参加者の名前を挙げさせられた。自分が名前を挙げた人々が次々と警察署に連行され、F同様の過酷な取調べを受けていることを知るに至る。Fの心は、取調べのつらさと、名前を挙げた人たちに申し訳ないという気持ちと、自分の弱さを許せない気持ち等で、気も狂わんばかりであったのであろう。Fは、夜中に留置場のコンクリート壁に何度も頭を打ち付け、自分を罵る言葉を吐き続け、また、検察の取調室で、発作的に電気コードを首に巻きつけて、自殺未遂を計ったりした。Fは平仮名しか書けず、「は」を「わ」と書いてしまうような識字能力しかなかったが、獄中ノートを書き、そこには彼女の心の葛藤がよくあらわれている。

捜査官を媒介として、多数の虚偽自白、共犯者供述を一致させる

志布志事件では、否認をつらぬいた人たちと、捜査段階で虚偽の自白調書（他人の罪を明らかにする供述調書でもある）を作成された人たちがいた。数名が虚偽自白とその延長としての共犯者供述をしていると言っても、前述のように無実であれば、犯行を知らない。したがって「知らないことを想像でしゃべる」こととなり、「どうやったのか説明しろ」と捜査官に問い詰められ、つじつまの合わない答えばかりしてしまう。そこで捜査官に「違う」と言われ、「答えが正解に達するまで許されない取調べ」を受ける。こうして取調べは、どうしても「つっかえ、つっかえ」進むこととなる。真犯人ならば、一気呵成に真実を述べることができるであろうが、そうは行かない。さらに共犯者多数となると、捜査官は、相互の虚偽自白を一致させる努力をすることとなる。各人が同じ体験をしたというのに、内容がばらばらで相互に矛盾するようでは、どうしようもないからだ。誰かの自白内容が変更すると、それを先頭として、その後一斉に、他の者の自白内容も変更することが多い。これは、取調べ担当捜査官を媒介として、各自の供述が合致させられることを示唆している。

なお、前述の郵便不正事件では、大阪地検特捜部が、被疑者がしゃべりもしない「正解」ばかりが最初からきれいに並べられた調書を勝手に書いてきて、調書にサインだけを求めるやり方をしていた。これに比べて「正解」に達するまで許されない取調べを長時間かけて行うことは、きわめて面倒で非効率に思われるであろう。

しかし、捜査官が「被疑者が真犯人だ」と信じており、かつ、「真犯人である以上、よく思い出せば、正しい記憶を取り出せるはずだ」と信じており、「ホシは何でも知っている」(昔ラジオで、そういう星占いのコーナーがあった)と考えているため、この馬鹿げた取調べが行われる。そして、被疑者が「正解」に達するまで苦しんだ分だけ、その「正解」を暗記してしまうのである。検察の取調べにおいては、被疑者は、警察で暗記した「正解」をスラスラと並べることができる。こうして検察官調書は、検察官が声を荒げて取調べなくても作成できる。そうすると穏やかな取調べをしている分だけ、その検察官調書は、刑事訴訟法三二二条の「任意性」、三二一条一項二号の「特信性」の要件が認められ、証拠として採用されやすくなる。こうした絶妙な組み合わせになっている。

特捜部の事件で「作文調書」ができるのは、警察・検察という役割分担がないからだ。

志布志事件とは

志布志事件も、比較的最近の事件である。しかしこれも振り返っておこう。二〇〇三年四月一三日に投票が行われた鹿児島県議選で、定数三名に対して四名が立候補し、新人のN候補が当選したが、その選挙運動につき買収が行われたとする公職選挙法違反事件である。その法定刑は、三年以下の懲役、禁固か五〇万円以下の罰金である(公職選挙法二二二条一項)。執行猶予付判決や罰金刑が予想される事件であり、異常に長い勾留、連日の長時間の取調べの方が、むしろ刑罰そのものよりも苦痛なぐらいで、より虚偽の自白や、共犯者供述がされやすい。

志布志事件といっても、いくつかの事件がある。①投票依頼のためホテル経営者のK氏が建設業者にビール一ケースを供与したとされた「ビール供与事件」、②投票依頼のため、N候補の経営する会社の従業員であるF氏らが焼酎二本と現金一万円ずつを一三名に供与したとされた「焼酎、現金供与事件」、③「懐集落」の同じくF氏宅で、二〇〇三年二月から三月にかけて合計四回にわたり投票依頼のため買収会合が行われ、合計一三名に対して現金計一九一万円が渡されたという「会合事件」、④地元の消防団長が、現金二〇万円をN候補から供与されて、うち八万円を八人の消防団員に対して配ったとされた「現金供与事件」である。検察官が起訴できたのは、③の会合事件のみである。

警察官が「早くやさしいじいちゃんになってね」「お父さんはそういう息子に育てた覚えはない」などの文字を大書してK氏に踏ませた「踏み字」事件は①の「ビール供与事件」の取調べに

おいて行われた。同事件は、ビールを渡した趣旨が、ホテルにお客さんを紹介してくれたお礼であり、投票依頼の趣旨ではないことが判明し、不起訴となった。「踏み字」の取調べをした警察官は、後日特別公務員暴行陵虐罪で起訴され有罪となっている。

②の「焼酎、現金供与事件」を象徴するのは、F氏が志布志警察署に「任意同行」をされて取調べを受けているときに、警察署の取調室からF氏の姉に対して「私から焼酎二本と一万円をもらったことにして」と携帯電話で懇願し、「でも、もらってないものは認められない」と姉に断られていることだ（婦人警察官がICレコーダで録音していた）。「焼酎、現金供与事件」では、受け取ったとされた人々を、連日「任意同行」して長時間の取調べを行っている。たとえば「今日は病院へ行く」といって任意同行を拒否しても、警察は車で病院にまで着いてきて、その後の帰宅にも着いてきたりした。被疑者は高齢者が多く、点滴を受けていた人々が何人かいたが、点滴後、志布志警察署に「任意同行」し取調べを続行したりした。そうしたなかで、Y氏は連日の取調べに耐えきれず、近所の滝壷に身を投げて自殺をはかったが、近くの釣り人に助けられた。助けた人は、「死んだほうがましだ」と聞いたと法廷で証言した。しかし警察で作られた調書では、「死んでお詫びをする」と聞いたと歪曲されていた。この「焼酎、現金供与事件」も結局、裏付けが取れずに、起訴されずに終結している。

④の「現金供与事件」は、地元の消防団長が、高圧的な取調べを受けて、八名の消防団員に対して一万円ずつを配ったことを認めさせられた。しかし警察は、その八名から裏付けを取ろ

うとさえせず、一名も取調べずに、事件を見送った。

架空の「会合」

さて、起訴された③の「会合事件」である。検察官の起訴内容は、(1)二〇〇三年二月上旬ころ、志布志市の懐集落のF宅で会合が行われ、N候補とF氏から投票買収、運動買収の趣旨で、現金六万円ずつが五名に交付された。(2)同年二月下旬ころ、同じくF宅で会合が行われ、N候補とN候補の妻、F氏から投票買収、運動買収の趣旨で現金五万円ずつが五名に交付された。(3)同年三月上旬ころ、F宅で会合が行われ、N候補、N候補の妻、F氏から現金五万円ずつが五名に交付された。(4)同年三月下旬ころ、F宅で会合が行われて、N候補、N候補の妻から、現金一〇万円ずつが、一〇名に対して交付された、というものであった。

懐集落は、七世帯しか住んでおらず、外からあまり人が訪れることのない山奥の過疎地域であり、被告人とされた人たちはお年寄りが多かった。買収会合に参加したとされる人々は、四回ともメンバーがほぼ重なっており、合計一九一万円も現金を供与したとされながら、彼らがN候補のために票を読むなど、何らかの選挙活動をしたという証拠は、まったくなかった。これほど実効性の乏しい買収工作があるだろうか。起訴内容自体が不自然だった。

一三名の被告人のうち、六名の被告人が捜査段階で自白をした。その最終的な自白調書は、会合の回数、時期、それぞれの会合で供与された金額について、ほぼ一致した内容になっていた。また最終的な自白調書はかなり詳細なものになっていて、たとえば、一回目の会合で誰と誰がケンカをしたとか、二回目と三回目の会合のつまみは落花生と裂きイカなどだったが、四回目の会合ではオードブルとか刺身が出たとされ、その内容がこと細かく記されていた。そしてN候補の妻がどんな服装だったとかその色合い、ハンドバッグの色や形状までが「自白」されていた。

しかし最終的な自白調書を作成するに至るまでの過程において、会合の回数が最初は一回だったのに、二回、三回、四回などの供述が出て、最終的に四回に落ち着いた。金額についても、たとえば第一回会合では一万円、二万円、三万円、六万円などの供述が出て、最終的には六万円で落ち着いた。その変遷は、二〇〇三年四月三〇日から五月六日までの取調べで出てきたもので、その間、捜査本部の取調べ班の班長が「取調べ小票」とよばれる供述内容の要旨等を記載した取調官の報告書を検討し、各被疑者担当の取調官に対して、「次は金額についてもう少し詰めろ」などと指示をしていたという。ただし警察は、こうした供述の変遷経過を自白調書のかたちで残さず、法廷で、各警察官が各供述の変遷について証言をした（実際は、証言よりもはるかに大きく供述が変遷しており、それは「取調べ小票」に記録されていた）。

もらったとされる金銭の使途も不明であり、たとえばある被告人は、四回目会合でもらった一〇万円を夫にあずけたと言い、その後、夫がもらった一〇万円とあわせて二〇万円を義理の母に預けたと供述を変遷させたが、自宅を捜索してもそれらしい金銭が発見されなかった。そこで、郵便局に二〇万円をあずけたと供述を変遷させたが、その郵便局にもあずけられていなかった。

N候補のアリバイ

検察官は起訴後、二年半にもわたり、会合の日にちを特定しなかった。しかし、何名かの自白調書上、第一回目会合は二月八日のことで、第四回目会合は三月二四日と特定されており、その日以外はすべて可能性がないことが判明していた。裁判も終わりに近づき、会合の日にちの特定を、裁判官がようやくその重すぎる腰を上げて、検察官に対し求めた。この日にちの特定は、弁護団が第一回公判から求めていたものだ。検察官は、しぶしぶ第一回目会合は二〇〇三年二月八日、第四回目会合は二〇〇三年三月二四日と特定した。

ところが、この両日にはN候補本人のアリバイがはっきりしていた。第一回目会合の二月八日には、N候補は、六名の自白調書によれば、遅くても午後七時三〇分にはF宅での会合に出席し、少なくとも午後八時ころまでは会合にいたこととされていた。しかしN候補は午後七時から志布志市内のホテル玉垣における、卒業した志布志中学校の同窓会に出席して挨拶して、カラオケで北島三郎を二曲歌い、午後一〇時過ぎに運転代行により帰宅した。念のため、N候補が途中、同窓会を「抜け出して」車で懐集落まで行って帰ってくる可能性が調べられた。裁判所で行われた検証では、ホテル玉垣から懐集落まで往復で約一時間一五分かかり、「抜け出して帰ってくる」ことは不可能と判明した。

第四回目会合の三月二四日も、六名の自白調書では、N候補は少なくとも午後八時ころにはF宅に到着し、午後九時ころまではいたとされていた。しかし、N候補はこの日は、同じくホテル玉垣で午後七時三〇分ころから行われた上小西自治会の総会にひきつづく懇親会に出席し、挨拶をしたのち、お酌をして回った。その後は、選挙事務所に戻り、八時から一〇時ころまで鍋集落で挨拶回りをした。自宅に招じ入れてくれた人もいた。たまたまその日が新車購入日であり、無事を祈って「ひっこんゆえ」という飲み会が行われていた。したがって、日にちが特定された第一回会合と第四回会合について、N候補のアリバイが明確に成立した。問題だったのは、少なくとも起訴後まもなくの〇三年七月の時点で、警察はホテル玉垣の帳簿を調べて、中学校の同窓会や、上小西自治会の総会や懇親会のことを把握していたことである。ずさんな捜査の結果、アリバイが成立する日にしか会合日時を特定できず、そのために検察は公判で、最後に追い詰められるまで会合の日にちを特定せず「二月上旬ころ」「三月下旬ころ」とのあいまいな起訴内容にとどめておいた。

まぼろしと消えた会合

第一回会合と第四回会合でN候補に明確なアリバイが成立するとなると、六名の自白、共犯者供述の信用性が問題となる。自白、共犯者供述では、F宅での会合は、N候補が出席して挨拶し、出席者全員N候補が出した現金をもらったことになっていて、そこにN候補がいなかったとなると、自白、共犯者供述は空中楼閣とならざるを得ない。最終的には六名ほぼ一致した内容となっていたものの、会合の回数、金額などについてばらばらだった供述をそろえたもので、もともと信用性に乏しかった六名の自白、共犯者供述であったが、N候補のアリバイによって完全にその信用性は崩壊した。すると、二回目、三回目会合はどうなるのか。二回目会合は、第一回目会合を前提としている。六名の自白、共犯者供述によれば、一回目の会合のときに、N候補に対して出席者が、「今度は奥さんの顔を見てみたい」「今度は奥さんを連れてきてほしい」と口をそろえ、二回目の会合が行われN候補の妻が出席したことになっていた。しかし、一回目の会合がまぼろしだとすれば、その会合で「今度は奥さんの顔を見てみたい」と言って実現したという二回目の会合もまぼろしだったとするほかない。一回目の会合から四回目の会合まで、ひとつながりのものとして語られていたから、三回目の会合もまぼろしとしなければならない。

六名の、相互に矛盾しない詳細な自白や共犯者供述はどうやって作られたのか。ある被告人は金額がわからなかったので、「いくらもらった」という問いに答えられないでいた。すると警察官は、一から二〇までの数字を紙に書いた。そして、もらった金額を、指させという。最初、一を指すと、ちがう、もっと多かった、という。次に二〇を指すと、ちがう、そんなに多くないという。それではと一〇を指すと、それでよい、となった。たとえばF氏は、F宅で会合の状況の再現をさせられたが、供述調書で述べた場所に座ることができずに、「正しい」場所に座るまで何度もやり直しをさせられた。ひとこまひとこまが「正解」に達するまでゆるされない取調べがやはり行われた。N候補の妻のバッグは、警察がN候補の妻の四種類のバッグを差し押さえてこれらを示し、どれを持っていた、と聞いて特定させてから、眼前にあるそのバッグを言葉で詳細に描写させていた。こうした仕掛けで作られた自白調書も、それだけ読むといかにももっともらしい。

人質司法

被告人らは、第一回目から第四回目まで、それぞれすべて逮捕、勾留された（つまり二三日×四回）。それだけでなく、接見禁止処分といい、弁護人以外は、家族とも面会できなかった。また、起訴後も、公判廷で起訴内容を認めた被告人以外は、保釈が認められず、すべて勾留がつづけられた（第一回公判で自白をした被告人も、その後、保釈されて否認に転じた）。こうして、短い被告人でも八七日、長い被告人では、三九五日も身柄拘束がつづけられた。六名の「自白組」は保釈が早く認められ、中でも公判廷で自白した者は即日保釈が認められたが、否認を貫いている被告人たちは、なかなか保釈が認められなかった。

こうした逮捕状、勾留状を検察官の言いなりに発付しつづけ、接見禁止処分とし、保釈も認めなかったのは裁判官である。志布志事件だけでなく、日本の刑事裁判ではすべて同じと言ってもよい。否認すればするほど、身柄拘束期間が長くなる。

ある国選弁護人が、被告人をはげますために家族からの「本当のことを言うように」との手紙をアクリル板越しに見せた。すると、検察官はこの接見の状況を警察官に調書化させて、接見禁止処分違反だとして、裁判官に国選弁護人の解任を請求した。そして裁判官は国選弁護人を解任してしまった。警察官、検察官は、弁護人が接見して、被告人を励ますたびに、自白していた被告人が否認に転ずるとして、その接見の内容を合計七六通の調書にまとめていた。警察官は「弁護士には金がいくらかかるかわからない。長期化すれば五〇〇万円、一〇〇〇万円かかる」「あの弁護士は、N候補の回し者で、あなたはトカゲのしっぽ切りのように見捨てられる」などと弁護人の悪口を言って、本当のことを言って頑張りつづけるように励ます弁護人を二名の被告人に解任させた。警察官らは「認めれば早く出られる」「交通違反と一緒だ」などと言い、否認していればいつまでも釈放されず、自白さえすれば、早く釈放される運用で、「自白組」に自白を維持させた。その代用監獄での舞台装置を整えたのは、検察官の言いなりに勾留状を発付し、勾留場所として代用監獄を指定し、接見禁止処分をし、保釈を許可せず、国選弁護人を解任していた裁判官だった。

最終的には、鹿児島地方裁判所は二〇〇七年三月七日、被告人一二名全員(一名は公判中に死亡)に無罪判決を言い渡し(確定)、判決は、「本件のように、法廷刑が比較的低く、有罪になっても、罰金刑かせいぜい執行猶予付きの懲役刑になる可能性が高いと見込まれる場合、身柄拘束を受ける被疑者・被告人にとって、刑責を負うかどうかよりも、身柄拘束がいつまで続くかの方が、はるかに切実な問題となるのは至極当然である。…中略…このような状況においては、被疑者が早期に釈放されることを期待して、たとえ虚偽であっても、取調官に迎合し自白に転じる誘因が強く働くと考えられる」と正当にも指摘した。しかし、そうした状況そのものを作り出しているのは、まさに裁判所そのものなのである。

内部告発

起訴から二年以上が経過した後、鹿児島県警の警察官らから内部文書が朝日新聞社に届けられ、二〇〇六年以降、それが報道された。たとえば、警察官らの証言によれば、会合回数が一回から四回と変遷していたが、「取調べ小票」によれば、四回、七回、一一回、さらに多数回へと変遷していた。この取調べ小票は、供述の要旨等が記載されていて、決済官の認印を押す欄もある公式の文書で、供述調書の元となる文書である。「取調べ小票」は、供述調書に比べると、取調べにおける実際のやりとりに近い。県警は、供述の変遷が著しいところについて供述調書をあえて作らず、取調べ小票を隠すことで変遷をわからなくさせていた。

県警と鹿児島地検との公判対策の協議会では、検察官が小票について「死んでも法廷に出さないつもり」「事実関係上は調書が絶対だと(警部に)証言してもらう」などと述べ、警部は「小票が出たら、(事件が)飛ぶ」と述べ、県警幹部は、「絶対に提出しないという方向性の堅持を」など検事に依頼したという。結局、志布志事件では、取調べ小票は法廷に出ていない。取調過程すべてが録音・録画化(可視化)されれば、こうした問題は解決する。しかし、今回の刑事訴訟法一部改正案では、取調べの全過程の録音・録画化は、「裁判員裁判対象事件と地方検察庁の特別捜査本部担当事件」に限られている。志布志事件のような公職選挙違反事件は、法定刑が軽いために、まったく対象とされていない。

司法取引が導入されると

本件において司法取引が行われていれば、虚偽でも自白し、共犯者供述をすれば、より罪が軽くなり、不起訴処分、などを約束されていたであろう。本件におけるターゲットは、懐集落の人々ではなく、あくまでN候補(及びその妻)だったからである。

この事件で無罪判決が得られた大きな要因は、被告人ら、弁護人らが団結していたからであり、捜査段階で虚偽自白と虚偽の共犯者供述をした人が全員、公判廷では本当のことを述べた。しかし、司法取引で供与側のN候補と、受供与側の懐集落の人々の利害が分断されると、ややこしいことになったであろう。懐集落の人々のほとんどと司法取引をして不起訴で落として、N候補だけを有罪に持ち込むことが狙われたかもしれないからである。さらに虚偽供述罪の適用があれば、公判廷で全員が本当のことを述べることができたか、危ぶまれる。

＊志布志事件については拙著『冤罪と裁判』(講談社現代新書、二〇一二年)を参照した。

4 同房者の供述――「他人型」①

被疑者段階で、連日の長時間の取調べにより、虚偽自白に落ちる例は多い。取調官はいくら本当の弁解を述べてもまったく耳を傾けてくれず、「まるで岩にむかってしゃべっているようだ」という感想を漏らす被告人は多い。仮にそれに耐えたとしても、まだ落とし穴が用意されることがある。長時間の取調べが終わり、くたくたになって房に戻されると、同房者が話しかけてくる。しかし話に相槌を打ってくれるその同房者は、警察が選別してわざと同室にさせた者で、それと覚られぬまま、被疑者の言動を警察に逐一報告し、あるいはまったくなかった言動をでたらめに報告している。そして法廷で、「被告人は、このように私に対して犯行を告白しました」と証言する。その証言は嘘だらけだ。その報酬として、同房者は軽い刑事処分を受ける。

こうした「捜査手法」は、これまで違法とされてきた。引野口事件(二〇〇八年第一審無罪、確定)という事例で見てみよう。

別件逮捕・勾留

二〇〇四年三月二四日夕刻、北九州市引野のN氏(当時五八歳)方から出火し、母屋、別棟ともほぼ全焼した。瓦礫の下からほぼ全身が炭化したN氏の遺体が発見された。司法解剖の結果、心臓に胸椎骨に達するほどの刺創があり、死因は焼死ではなく、心臓をナイフ様のもので刺されたことによる出血性ショック死と判定された。そこで殺人、放火事件として福岡県警察本部と小倉警察署が「特捜班」を置いた。

N氏は妻と別居中で一人暮らし、かなり重度のアルコール依存症で、ふだん妹のK氏（当時五六）が食事や洗濯などN氏の身の回りを世話し、預貯金も管理していた。K氏は、生前N氏から託されたとおり、葬儀費用や子供の教育費にあてるため、N名義の銀行口座から五〇〇万円を降ろした。同年五月二三日、それが窃盗だとしてK氏は逮捕される。ところが警察は、窃盗ではなく、もっぱらN氏の殺人、N宅の放火の容疑者としてK氏を取調べた。家族全員が連日長時間の取調べを受け、六月三日にはK氏の夫が自殺に追い込まれている。警察は自殺を知らされたばかりのK氏をポリグラフ検査にかけた。七月一日、K氏は威力業務妨害罪で再び逮捕される。二年前の親族間のトラブル（N氏の妻がN方母屋で経営していた塾を、N氏の母親を別棟から移すため、K氏は半分に仕切った）で、警察は当時事件にしなかったが、あえてこれを蒸し返した。福岡地方検察庁小倉支部は、この二件を起訴した。これら「別件」での逮捕、勾留は、もっぱら「本件」である殺人、放火での取調べに利用された。K氏の殺人、放火での起訴は一一月一六日であり、警察、検察はじつに半年近くK氏を取調べていた。しかしK氏は否認ないし黙秘を貫いた。四名の弁護団が欠かさず接見したことや、息子達を中心とした支援活動が励ましとなっていた。しかし、同房者が警察のスパイとして蠢動していることに、K氏も弁護団も長く気づかなかった。

わざと同室とされたM

同年六月一八日から二四日まで水上警察署で、また同年七月一五日から九月二七日まで八幡西警察署で、K氏の同房者はM(当時二一歳)だった。他に同房の者はいなかった。水上警察署でK氏と同室となった女性は三名おり、いずれも警察に、K氏が犯行を告白しなかったか尋ねられたが、他の二名はいずれも否定し、Mだけがそれをほのめかしていた。

Mは、少年のときに多くの非行歴を持ち、二度少年院に送致されていた。成人後、窃盗で逮捕されたが、窃盗の余罪が八件あった。さらに覚せい剤取締法違反でも逮捕され、彼女は実刑になることを恐れていた。

簿冊類によれば、Mが八幡西警察署に入ったことにより、同署の女子留置は定員を超え、Mは必然的にK氏と二人だけの同室となった。しかし近くの他の警察署の女子留置はいずれも定員に一名~三名の空きがあった。Mが八幡西警察署で、自分の窃盗、覚せい剤取締法違反で取調べを受けた日数は四日間しかなく、K氏の言動について事情聴取を受けた日数は、ほぼ毎日といってよく五七日間にわたっていた。特捜班は、Mからの事情聴取のために専従の捜査班を置いていた。

Mの窃盗の余罪は、夫らと組んで行われていたが、Mは夫らをかばい、ひとりでやったと供述していた。従ってMは夫らと面会できないように接見禁止処分とされた。しかし、八幡西警察署でなぜか接見禁止処分が解け、七月二〇日に夫と面会できた。その翌日、七月二一日に、MはK氏が犯行を告白したと警察官に報告する。その後、窃盗の八件の余罪のうち、起訴されたのはなぜか一件だけであり、その結果としてMは執行猶予付きの判決を得た。Mを逮捕した警察官らは、勾留中のMによく会いにきて「がんばれよ」などと励ましていた。執行猶予付きの判決後、Mは警察署に挨拶に行き、バレンタインデー付近にも署にきて、警察官らにチョコレートを配った。

せっかく執行猶予をもらったのに、その後、Mは再び覚せい剤取締法違反で捕まる。そのとき「警察に協力したから今回も執行猶予が付く。大丈夫」と関係者に話している。Mは、警察があえてK氏と同室になるように仕組み、その言動を逐一報告させるよう利用した同房者スパイだった。

Mがんばりましたよ

報告書を日付順にすれば、Mが聞いたとするK氏の「犯行告白」は以下のようだった。

六月二六日　「ナイフ一本でああなるとは思わなかった」「ライター一本であそこまでなるとは思わなかった」

七月二二日　「昨日の夜、Kさんから重要なことを聞き出しましたよ。早く聞いてくれないから忘れるかと思いましたよ。なんで殺人がつくんですかみたいなことを聞いたら、『誰にも言っちゃだめよ』と言って、『殺しました、お兄さんの通帳から通帳にお金を移したことで口げんかになり、カッとなって胸を刺した』と言いました」

七月二七日　「トランプをしていて、Mが『一回刺したんですか』とかそういう話をしたら、Kさんが『二回刺した』と言い、Mが『二回ってどこを刺したんですか』とかそういうことを聞いたときは、Kさんは『ちょっと覚えていない』と言っていました」

七月二八日　「どこを刺したか聞いてきましたよ。トランプか何かしていたときに、『二回刺したってどこを刺したんですか』って聞いたら、『首だったと思う』と言いました」

八月九日　「またMがんばりましたよ。一昨日の夜と昨日の夜、Kさんから聞いた話を忘れるといけないから、メモに書いてきてます」と言い、Mは警察官にメモ紙を渡した。それには「M『もし、殺人で逮捕されたらどうするんですか？』姫『完全黙秘してて否認するよ』」などと書かれていた。

九月一五日　Mは警察官に、「殺した事実は間違いありません　K」「殺害したことを認めます　K」と署名させたメモ紙を渡した。

Mは、K氏に「心理テストをします」と言い、「殺した事実は間違いありません」「殺害したことを認めます」と書いて署名するよう求めた。それらの文字が書かれた場所によって、本当かどうかを占うのだという。K氏が「そんな気持ちのわるい文章を書くのはいやだ」と述べると、Mは「じゃあ、人を殺したことがあるんですか。殺したことがなければ書いてもかまわないじゃないですか」と述べてメモを書かせた。Mは「正直だけど気が強いですね」と占いの結果を述べた後、メモをくしゃくしゃに丸めた。K氏には「破ってトイレに捨てた」とうそを言い、警察にメモを手渡していた。K氏は弁護人に丸めたメモのことを告げた。弁護人が検察官に証拠開示を求めたところ、そのしわくちゃのメモが出てきた。このメモの件から、K氏はMを警察のスパイと疑うようになった。

Mの述べる「犯行告白」は大きく変遷していた。殺害の日時は、三月二三日夜、三月二三日の昼、と変遷した。凶器は「果物ナイフ」から「台所にあった出刃包丁」、「包丁」そして「フランスかイタリアで買ってきたアーミーナイフやサバイバルナイフ」と変遷した。殺害方法は、「ナイフで刺した」、「ナイフを引いた」、「もう一度刺したら血が止まった」と変わった。また被疑者の姿勢は「立っていた」、「寝ていた」、「座っていた」と変わった。放火方法は、「暖房用に買い置きしておいた灯油を使った」、「台所の食用油を使った」、「食用油は使っていない」と変わった。凶器の始末方法は「紙に包んで持って帰った」、「洗って元に戻した」、「自宅に持ち帰り漂白剤で洗った後、レンジの火であぶって乾かした」と詳細化した。

「死因」の変更

「首を刺した」との犯行告白を得て、同年八月二日、福岡地検小倉支部の担当検事、福岡県警の捜査一課長、本件の特捜班長らがそろって、司法解剖に当たった鑑定医(田中宣幸産業医科大学教授)に面会し、死因の再検討を求めた。田中教授は、ホルマリン漬けにしていた右総頸動脈を切り開き、そこに長辺が約五ミリというくさび形をした「離開」(血管の破れ)を発見した。田中教授は「離開」が直線状であり、刺創であると判定。さらに顕微鏡検査した結果、死因を「心臓をナイフ様のもので刺されたことによる出血性ショック死」から「右頸動脈刺創にもとづく出血性ショック死」と変更した。同教授によれば、この「離開」付近に生体反応があるという。生きているときに傷を負えば、血液凝固のため、血漿中の成分であるフィブリノーゲンがフィブリンとなる。フィブリンは網目状の繊維であり、その網の目に血球等がからまって血餅となるのが、血液凝固である。また、白血球のひとつである「好中球」が傷口に集まってくる。右総頸動脈の「離開」付近の外膜の血腫(血のかたまり)に、「フィブリン」と「好虫球」が多く見られ、これは刺されたときに生きていたことを示し、首を刺されたことが死因だという。

検察官は、Mが述べるK氏の「首を刺した」との犯行告白にもとづいて、首の刺創が発見され、そこに生体反応が見られたために本当の死因がわかった、だから犯行告白は「犯人しか知り得ないこと」を述べた「秘密の暴露」に当たり、信用性が高い、と主張した。これが本件における検察官の立証構造のすべてであった。

これに対して弁護人の主張は、第一に、Mの供述する犯行告白は、違法なスパイ行為によるもので、違法に収集された証拠として排除されるべきである。第二に、K氏は犯行告白をしていない。Mの供述は嘘である。第三に、犯行告白は客観的事実に反しており、秘密の暴露もなく、変遷しているから信用性がない、従って無罪である、というものであった。

「秘密の暴露」があったのか

K氏の犯行告白は、本当に「秘密の暴露」に当たるのか。これが公判における大きな争点となった。「秘密の暴露」とは、「あらかじめ捜査官の知り得なかった事項で、捜査の結果客観的事実として確認された」ことをいう(最判昭五七・一・二八)。

「首を刺された」ことは、「あらかじめ捜査官の知り得なかった事項」だったのか。N氏の遺体の首の右側に、血腫があったことは、捜査官には当初から明らかだった。司法解剖には、検察官一名と警察官数名が立ち会っていた。田中教授は、右総頸動脈の血管の破れと血腫を警察官らに報告したと法廷で証言した。警察官が、この血管の破れと血のかたまりについて、「首を刺された」ためと推理することは可能である。

では「首を刺された」ことは「客観的事実として確認された」と言えるか。田中教授は、当初は首の右側の血のかたまりの原因を次のように考えていた。死体が高熱にさらされると血管内の血液が沸騰し、血管の弱い部分を突き破って噴出する。焼死体によく見られる現象だ。田中教授は法廷で次のように証言した。

「熱によって、死後に破綻して血腫ができることが多いわけですが、ここに刺創が存在する可能性は極めて少ないとその時点では判断したわけです」

弁護側の鑑定人は血液と血管を専門とする増田弘毅秋田大学医学部教授（病理学）だった。同教授は「右総頸動脈の損傷は血管の内側からの破損であり、火災熱による水蒸気爆発とみるのが妥当である」と証言した。増田教授が写真をよく検討すると、右総頸動脈は、たんに血管に破れているだけでなく、血管が部分的に長い楕円状に取れてなくなっていた。「離解」は取れてなくなった部分の周縁部の一部に過ぎなかった。こうして血管が部分的に長い楕円状に取れてなくなったのは、刺創のためではなく、水蒸気爆発によるとみられる。また「離解」の位置は、右総頸動脈と右鎖骨下動脈との分枝の状態から見て、体表側から見て、血管のより奥の側であり、外部からの刺創により生じたとは考えにくかった（刺創であれば、体表側から見て血管のより手前の側が傷付くはずである）。

では、右総頸動脈の「離開」に生体反応は見られるのか。増田教授は提出されたネガフィルムから顕微鏡写真を大きく現像して検討を加えた。フィブリンは、繊維状、網目状をしている。増田教授は、血腫の顕微鏡写真には繊維状の網目構造はまったく見られずフィブリンの析出は認められないと証言した。右総頸動脈近くに血液が凝固しているのは、タマゴをゆでると固まるのと同じようにタンパク質の熱による変性であり、フィブリンがつくられて血球等をからめ取っているのではないと証言した。これに対して田中教授は、血腫の顕微鏡写真からは「繊維状、網目状になっている部分は確認しにくい」ことを認めつつ、それはフィブリンが塊になっているからだと説明した。しかし、増田教授が参考として提示したフィブリンの析出した顕微鏡写真は、繊維状、網目状構造がくっきりと出ており、それに比べると、血腫の顕微鏡写真には繊維状、網目状のものがまったく映っていないことがよくわかった。

好中球の出現について、増田鑑定は、顕微鏡写真から好中球は見られるが、その出現数は、血液の通常の状態であり、創傷治癒機転が生じているとは言えないと証言した。また右総頸動脈の外膜の血腫に好中球が見られても、創傷治癒機転とは無関係である、なぜなら好中球はまさに傷が発生した局所に出現するものであり、そこから離れた血管の外膜に付いた血腫を検査してもまったく意味がないからだと証言した。結論として「離解」には生体反応はない。したがって「首を刺した」との供述は、客観的な事実ではないことが証明された。鑑定医による死因変更は「犯行告白」に引きずられたものであると見える。

黙して過ぎ去った男

出火の数分前、N方から出てきたマスクをした中年男が近所の子どもに目撃された。子どもは空手を習い「会った人にはきちんと挨拶をしなさい」としつけられていた。その子の挨拶に、男は返事をせず黙したまま自転車に乗って去った。その子が母親に話し、警察に報告がされた。N方母屋には、カギがかかっていないドアがあった。しかし、捜査機関はその後、子どもの供述を重視しなくなり、やがて無視したのである。

同房者を使った取調べを違法として、「犯行告白」の証拠能力を否定した判決

二〇〇八年三月五日、福岡地方裁判所小倉支部は、K氏に対して、殺人、放火について無罪の判決を言い渡した(確定)。判決は、同房者Mを使った捜査を以下の四点から違法として、Mが供述する「犯行告白」を証拠排除した。

第一に、同房者を通じて捜査情報を得る目的で、意図的に二人を同房状態にするために代用監獄を利用したものであり、代用監獄による身柄拘束を捜査に利用したとの誹りを免れない。第二に、被告人は房内での留置時においても自らはそれと知らされないまま、同房者を介して取調べを受けさせられていたのと同様の状況に置かれていたということができ、本来取調べとは区別されるべき房内での身柄留置が犯罪捜査のために濫用されていた。第三に、被告人の側からすれば、房内で話した内容が、将来証拠として使われることなどまったく考えておらず、自分に有利か不利かを考えて話すような状況にはなく、黙秘権や供述拒否権が告知されることもなかった。第四に、このような捜査手法によって得られた供述には虚偽が入り込む危険が高い。Mの全体的な供述は、捜査機関が客観的な証拠を有している部分についてのみ不自然に詳細であり、被告人がそのとおりの供述をしたことには疑いが残る。判決は、犯行告白を証拠排除したうえで「念のため」として犯行告白の信用性を検討し、「秘密の暴露」はなく、変遷も

しており信用できないとした。

私は、Mは、被告人になりかわって虚偽自白をつづけていたように思う。Mの供述の経過が、最初はきわめて概括的であり、変遷を重ねながらだんだん捜査官が知っている情報に合致する方向に詳細化するという虚偽自白と同様の特徴を示しているからである。

＊引野口事件については拙著『冤罪と裁判』(講談社現代新書、二〇一二年)を参照した。

「司法取引」が導入されると

刑事訴訟法一部改正案により導入されようとしている日本版「司法取引」は、他人の罪を明らかにすることにより、自分の罪を軽く処分してもらえる制度であり、他人の罪と自分の罪は、何の関係がなくてもよい。これまでは、「他人の罪」と「自分の罪」とが関連がある場合、つまり共犯者の供述による引き込みの危険性が現実化した事件を検討してきた。そこに司法取引制度が導入されれば、昔から指摘されてきた「共犯者による引き込みの危険」は、より一層、危険なものとなる。そしてこれまでは何とか法廷で救済されてきた事件が、救済されなくなるおそれもあることを指摘してきた。

引野口事件では、「他人の罪」と「自分の罪」とがまったく関係がなく、単に「同房になったこと」だけが、接点だった。

Mはスパイ活動と、警察へのKの犯行告白についての虚偽の報告、そして虚偽の法廷証言をして、その見返りとして窃盗の余罪八件のうち七件が不起訴とされ、執行猶予付きの判決が得られた。接見禁止が解けて夫と面会もできた。Mは検察側の「スター証人」であり、Mが供述するK氏の「犯行告白」が信用できるのかどうかだけが裁判の争点だった。

郵便不正事件、志布志事件で、虚偽の共犯者供述で、無実の者を巻き込んでしまった人々のことを見てきたが、彼らは、みずからも虚偽自白に追い込まれたり、他人を罪に巻き込んでしまった罪障感を抱えていたりして、権力の犠牲者である。しかし一般的には、拘置施設にいる人々は必ずしもモラルの高い人々ばかりではない。Mは、虚偽密告者で、当然のことながらモラルに反する存在である。日本版司法取引の導入は、このような密告者を奨励するものであり、日本では新しいタイプの冤罪を量産する危険がある。先に述べた、アメリカの密告者（スニッチ）、情報提供者（インフォーマント）による悲惨な冤罪事例が生ずる危険が大きく、司法を荒廃させる。

到底、導入に賛成はできない。

5 知人による情報提供——「他人型」②

警察がスパイとしてわざと同房にするなどのことをしなくても、他人の罪を明らかにすることにより、自分の刑を軽くしたいなどの動機で、虚偽の密告をしてくる者はいる。警察が重大事件の捜査に行き詰まったとき、捜査官が虚偽の密告者の供述に関心を示し、その供述に乗っかり、一緒にストーリーを組み立てて行った結果、次々と誤った方向に捜査をすすめ、冤罪・

誤判に至ったケースがある。福井女子中学生殺害事件が典型事例である。

行き詰まった捜査

福井女子中学生殺害事件は、一九八六年三月一九日午後九時四〇分前後に発生した。自宅団地内で母親の帰宅を待っていた女子中学生(中学三年生で、その日は卒業式だった)が、灰皿で頭部を何回も殴打され、かつ、電気コードにより頸部を絞められ、さらに刃物で顔面等に三〇カ所以上の傷をつけられて殺害された。帰宅した母親が首に刃物が刺さったままの状態の被害者を発見した。他に、刃の折れ曲がった刃物が落ちていた。室内には電気コードがぶら下げられて、首つりを偽装したような様子も見受けられた。凶器とされたものは、いずれも被害者宅にあらかじめあったものばかりだった。室内物色の痕跡は一切なく、性的な被害を受けた形跡もなかった。不思議な殺人だった。

警察は、殺害方法から、シンナーや覚せい剤等の薬物常用者が乱心して殺害をしたと見込み、その線で捜査をしていたが、半年以上が経過しても犯人の目星は付かず、警察はこのままでは迷宮入りのおそれがあると焦燥していた。

犯人が誰かを知らなかった情報提供者

同年、暴力団員のAは、覚せい剤取締法違反で、福井警察署に勾留中であった。Aは福井女子中学生殺害事件で捜査官が憔悴している状況をながめていた。
同年八月には、何度か面会に訪れていた友人らに「……殺人事件の犯人を知らないか。犯人がわかると俺の刑が軽くなるかもしれない」などと、何度か述べていた。Aの友人のひとりは法廷で証言した。

弁護人　Aに面会に行ったことがありますか。
証人　あります。
弁護人　合計何回くらい行っていますか。
証人　一五～六回行っていると思います。
弁護人　Aと接見している間に、この本件の殺人事件のことを、何かAが話してきたということはありますか。
証人　あります。
弁護人　最初にどんな話が出たんですか。
証人　知らないか、と言いました。
弁護人　何をですか。
証人　その犯人を。
弁護人　最初にAから犯人を知らないかと言われた時、他に何か言いませんでしたか。

証人　自分の刑が、その犯人が分かると軽くなるかもしれないからと。

つまり、Ａは福井女子中学生の犯人が誰だか知らなかったにもかかわらず、その情報を収集して警察に知らせ、自分の刑を軽くすることを目論んでいた。

同年一〇月二九日付でＡは、当時交際していたＩ子に手紙を書いた。

「……Ｍのことだけど、よく思い出してくれ、殺人事件のことがおれの情報で逮捕できれば、おれは減刑してもらえるから、頼むぞ……」

Ａの情報提供

Ａは、福井警察署から、福井拘置所へと移送されることとなった日に警察官に対して福井女子中学生殺害事件に心当たりがあると言って、「事件があった翌日の二〇日の朝に、学校の一年後輩のＭが血だらけになって、自分とＩ子が同居していたエレガント甲野にやってきた」と情報提供をした。Ａは、規律が厳しい拘置所（たとえば、昼間寝転んではならないなど姿勢が強制される）に移送されるのが嫌で、しばらく規律のゆるやかな警察の留置場にいたかったのである。しかし、その情報では警察官に相手にされなかったので、Ａの話はにわかに詳細化して行く。

「三月一九日夜、ゲーム喫茶乙山で遊んでいると、暴力団事務所からポケットベルで呼び出された。組に電話すると、『Ｌから組に電話があり、Ａを探している。Ｌに電話させていいか』という内容だった。よいと答えると、しばらくしてLからゲーム喫茶乙山に電話があり、『Mがシンナーで訳がわからなくなっていて、血だらけで、Aに会いたがっている』と言われたので、『連れてこい』と言った。しばらくするとLが白い車を運転して助手席にMを乗せてやってきた。Mは服が血だらけで、ろれつの回らない口調ではっきりとは聞き取れなかったが、『女の子を殺してしまった』とつぶやいていた。Lは、『Aの知り合いの女の子のいる団地にAを連れて行き、最初自分がチャイムを押した。女の子が中に入れてくれなかったので、今度はAがチャイムを押して、Aが中に入った。自分は団地内に駐車して待機していたところ、Aが血だらけで戻ってきた』と言っていた」

Aからの情報提供を受けた警察は、にわかにMを捜査線上に浮上させ、一〇月下旬ころからMに尾行が付くようになる。

警察は、事件当夜、血だらけのMを白い車に同乗させていたというLを取調べる。しかし、Lは否定した。すると警察はLを犯人蔵匿罪という罪名で逮捕、勾留して取調べた。しかしLは否定。警察が、Aがそう言っているんだと述べるので、Aを連れてきてくれ、と頼んだ。すると、警察はAを取調室に連れてきた。Aは当時一九歳で格下のLに対して、「お前、言ったやんか。とりあえず協力しろ。お前、わしの顔つぶす気か」と述べた。Lは屈服しそうになったが、まったく身に覚えがないので、最後まで否認を貫いた。

運転手役の交代

Lからは A の供述の裏付けは得られなかった。他方、Aが供述する「白い車」を探していた警察は、事件当時、Bが使用していた白色のスカイラインジャパン二〇〇〇を見つけ出した。ダッシュボード下に、被害者と同じO型の血痕を発見した。警察はこれを犯行車両と特定した。するとAの供述はにわかに変わる。

「血だらけのAを同乗させてきたのはLではなくBでした。私は車を運転していた人物を勘違いしていました」

しかし、その勘違いの合理的な理由は一切説明されていない。

それとともに、以前はどんなに聞かれても「白い車」以上に詳しい情報を提供できなかったAが、車種を「スカイラインジャパン二〇〇〇GT」と特定し、その所有者がKで使用者がBと所有関係まで特定して供述するようになる。

今度はBが取調べを受けた。Bは、最初はまったく身に覚えがないと述べていたが、一〇回以上、長時間にわたる取調べを受け、ついに供述調書が作成された。

「三月一九日夜、Mを乗せて、女の子がいる団地の前まで送りました。私は団地の敷地の外に車を停めてMを待っていました。しばらくすると、Mが血だらけで戻ってきました。MがAに会いたいというので、私はAに連絡して、Mをゲーム喫茶乙山まで連れて行って、Aに会わせました。Mはシンナーで朦朧とした状態でした。『女の子を殺してしまった』とつぶやいていました」

Lは、Lが最初に女の子の家のチャイムを押したことにされようとしたので、共犯にされるおそれもなくはなかった。しかしBは、団地の外で車を待機していたというストーリーに変更され、B自身は罪に問われる可能性のない供述内容とされていた。他方、Bは覚せい剤取締法違反の前科前歴があり、警察には弱みのある立場だった。

被告人はA、Bの供述により逮捕され、朝刊に白いスカイラインの写真と被告人の顔写真が掲載された。しかし、被告人は取調べに対して否認を貫き、今日まで無実を訴え続けている。

ダッシュボードの血痕は被害者とは別人

ダッシュボードの下に付着していたO型の血痕は、当初はABO式の血液型判定のみが行われたが、後により詳細な血液型判定が行われていた。すると、被害者の血液型とは一致しないことが判明した。そして追跡調査の結果、この血痕は事件の二年前、ある女性が手首を切って自殺未遂をしたときにこの車で搬送されたことがあり、そのときに付着したことが判明していた。こうして、A、Bの供述は、物的証拠による裏づけをまったくなくした。
A、Bは、「ダッシュボードはべっとりと血だらけで、血をティッシュで拭いた」と供述していたが、ダッシュボードにはルミノール検査をしても血液反応はなかった。他方でダッシュボード下の、事件の二年前に付着した小さな血痕は発見されていた。ルミノール検査はきわめて感度が高く、血を拭き取ったくらいでは、反応がなくならないことが知られている。最初からダッシュボードに血など付着しておらず、白色スカイラインは犯行車両ではないと考えられる。

血だらけの服の始末

Ａの供述で変わったのは、それだけではない。Ａの血の付いた服をどう始末したのかについて最初は「ビニールの買い物袋に入れてＭの家に持って行った」とされていたのが、「Ｍの家に持って行ったのは間違いで、本当はＭの家に行く途中で、下水ポンプ場近くで底喰川に捨てた」と変わり、さらに「白っぽいトレーナーはビニール袋に入れたのではなく、福井市内のある所に今も隠してあるが、今は言えない」と述べ、さらに「何度も隠し場所を変えているので、今の隠し場所は忘れてしまって言えない」と供述を変えた。

Ａが血の付いた服の場所を言う度に、たとえばＭ方の捜索、警察官を大規模動員しての底喰川という小川の徹底した探索などが行われるが、犯行着衣は見つからない。そして見つからないと供述が変わる、ということの繰り返しだった。

犯行着衣や凶器の始末についての供述が著しく変わり、その度に警察官が動員されて大規模捜索が行われるが、着衣や凶器が発見されず、さらに供述が変わるというのは、多くの冤罪事件に共通したパターンである。

他の関係者の供述

Aの供述は、最終的に、ゲーム喫茶乙山にきたMを、シンナーを吸うたまり場になっていたH子方であるメゾン丙川に連れて行き、次にA自身とI子が同居していたエレガント甲野に連れて行き、さらにM方まで送った、となった。

H子、I子の供述も、一応これを裏付けていた。I子の供述調書には「三月二〇日の朝、ピンポンという呼び鈴が鳴り、Mさんが訪ねてきた。そして昼まで寝ていた」等と記載されていた。I子は法廷での証言時にはAと別れて、すでに結婚していた。I子は法廷では「Mさんが訪ねてきたのは事件の翌朝ではない」と供述調書を否定し、前述のように、Aが「……Mのことだけど、よく思い出してくれ、殺人事件のことがおれの情報で逮捕できれば、おれは減刑してもらえるから、頼むぞ」という手紙を送ってきたことを証言したのである。

事件の結末

福井女子中学生殺害事件は、一審がAらの供述を信用できないとして無罪判決を出した(一九九〇年)。ところが控訴審(名古屋高裁)は、Aの供述は変遷しているが、大筋では一貫しており、信用できるとして一審判決を破棄し、Mに対して懲役七年を言い渡した(一九九五年、量刑が重くない理由はシンナー中毒で心神耗弱状態だからだとされた)。そして上告も棄却され(一九九七年)、Mは服役をした。出所後、Mは、被害者の傷に二種類の刃物では付けられない傷があること、血を拭き取った後、数回洗車してもルミノール反応は出ること等を新証拠として再審請求を申し立て、一度は再審開始決定が出た（二〇一一年名古屋高裁金沢支部）、異議申し立てにより取り消され（二〇一三年、名古屋高裁本庁）、最高裁も再審を開始しないとした（二〇一四年）。

＊福井女子中学生殺害事件については、里見繁著『冤罪をつくる検察、それを支える裁判所――そして冤罪はなくならない』（インパクト出版会、二〇一〇年）を参照した。

司法取引の制度化の危険

この事件は、Aの虚偽供述に乗っかった冤罪である。他人の罪を明らかにすることにより、自分の罪を軽くするという司法取引という制度がなくてさえ、「情報提供をすれば、自分の刑が軽くなるかもしれない」と考えて、他人を罪に陥れようとする人間は存在する。そして司法は、必ずしもその虚偽性を見抜けないのである。司法取引が制度化されれば、その動機は強化され、虚偽供述により他人を罪に陥れてでも自分の刑を軽くしようとする者が大量に出てくることは間違いないであろう。冤罪の量産が危惧される。

6　「虚偽供述罪」の導入は冤罪を抑止するか

「新時代の刑事司法制度特別部会」では、日本版司法取引制度の導入に当たり、自分の罪を軽くするため、虚偽の供述をして他人を冤罪に陥れる危険を防止するため、「虚偽供述罪」の導入をはかり、今回、それがそのまま法案化されている。しかしこの「虚偽供述罪」の導入は、冤罪防止のために役に立たないどころか、事態をより悪化させるものでしかない。

「虚偽供述罪」の導入で、公判で供述を覆せなくなる

これまで紹介した事例において、共犯者供述、あるいは他人の罪を明らかにする供述をした者が、公判において虚偽の供述を覆し、真実を述べることも多くあった。

「共犯型」では、村木事件の部下や上司は、いずれも捜査段階の供述調書の内容を否定し、公判で「本当のこと」を証言した。「共犯型」で共犯者自身、無実の類型(志布志事件)では、すべての共同被告人が、捜査段階の供述内容を否定し、公判廷で本当のことを述べたのである。「他人型」においても、福井女子中学生殺害事件では、関係者のうち捜査段階の供述を覆した者がいた。これらの良心の発露が、無罪判決を生み出したのである。「虚偽供述罪」が導入されれば、公判で供述を覆して「本当のこと」を述べれば処罰されることとなる。あるいは、公判段階の供述が検察官により偽証罪として追及されるかもしれない。いずれか、検察組織にとって都合のよい方が選択される。それゆえ、これまでのように公判段階で「本当のこと」を述べて捜査段階で脅されて作成された供述調書を覆すことが難しくなる。このことは冤罪救済の道を狭めるものだ。

「可視化」の対象から除外されている

共犯型、他人型、いずれにおいても、たんに犯行告白を聞いた、というだけでなく、具体的かつ詳細な供述が重要であり、かつ、他の者の供述や客観的な証拠に符合しているか否かで信用性がテストされる。密告者供述は、その供述の動機が、「自分の罪を軽くしてもらえる」という利己的な動機にもとづくものであるから、類型的に信用性が低いと言えるだろう。しかし、その供述内容が具体的、詳細で、細部に至るまで客観的な証拠に合致していれば、「犯人でなければ知りえないことを語った」のを聞いたのだとして、信用性が増大する。アメリカの「スニッチ」の証言による誤判は、すべてそうして起きている。

しかし、今回の刑事訴訟法一部改正案では、可視化の対象となっているのはごく一部の被疑者に関するものだけであり、参考人の事情聴取はまったく可視化されていない。すると一見「犯人でなければ知りえないこと」を語っているように見えても、事情聴取の過程において、捜査官が密告者に情報を与えたのか、それとも密告者が捜査官に情報をもたらしたのか、情報の起源がわからない。そうすると、その信用性の判断を誤りやすい。捜査公判協力型司法取引は、その全供述過程(司法取引の成立も含む)が録音・録画化されていない状況のもとでは、なおさら危険である。

冤罪防止の役に立たない

法廷で嘘を付けば処罰される偽証罪は、冤罪防止のために役立ってきただろうか。

これまでの冤罪事例において、虚偽供述により、被告人を罪に陥れようとした人物を、検察が偽証罪で追及した事例を筆者は寡聞にして聞かない。たとえば、前述の引野口事件において、虚偽供述をつづけたMなどは、被告人の無罪確定後も、偽証罪で追及されることはまったくなかった。

検察組織は、無罪判決が言い渡されても「われわれの主張が認められず残念。上級庁とよく相談して今後の対応を検討したい」とするだけであり、誤りを認めない（検察組織として、誤った起訴を認めることは、きわめて例外的なケースに限られている。事件が架空だった志布志事件、真犯人が出現した氷見事件、DNA鑑定で無実が証明された足利事件など）。

したがってほとんどのケースでは、偽証した検察側の証人を偽証罪で追及することはない。逆に、後に無罪判決を言い渡された被告人のアリバイを証言した人々が、偽証罪で脅され、起訴されてきた（八海事件、甲山事件等）。偽証罪は検察組織のための都合のよい道具とされており、まるで検察組織のためだけに存在しているかのようだ。

これまでの偽証罪の運用の実績から、虚偽供述罪で、検察が虚偽の供述で冤罪をつくった者を追及することはほぼ考えられない。

捜査官に対して虚偽を述べれば処罰されるという制度

捜査官に、「捜査官に対して嘘を付いたら処罰する」という権限を与えて取調べをさせたらどうなるだろうか。「お前、嘘を付いているだろう」という言葉が、それだけで刑罰に処せられる脅しとなる。取調べを受けた者は、捜査官に追従し、その見込に沿った言いなりの供述をする他なくなるであろう。そして警察官、検察官の頭の中は「否認＝嘘」なのである。

日本の刑事司法は「検察官司法」とよばれる。逮捕状、勾留状はほぼ検察官の言いなりに発付され長期身柄拘束が続き、起訴された事件の有罪率が九九・九％である。日本の刑事法学の泰斗である平野龍一氏が「日本の刑事裁判所は、欧米におけるそれとは異なり『有罪か無罪かを判断するところ』ではなく、『有罪であることを確認するところ』となっている」（「現行刑事司法の診断」一九八五年）と指摘して久しい。要するに裁判官は検察官の言いなりになっている。虚偽供述罪の導入は、検察官にさらに強大な権限を与えることになる。いびつな「検察官司法」の現状を、さらにいびつにすることとなろう。

7 弁護人の同意は冤罪を防ぐことができるか

板挟みにされる弁護人

捜査・公判協力型司法取引には、弁護人の同意が必要とされることとなり、「新時代の刑事司法」特別部会の議事録によれば、審議会の中心的な立場の学者が、弁護人の同意に冤罪防止機能が期待されるとし、制度を導入しても大丈夫だと強調している。

しかし、少し考えれば、冤罪防止機能などまったく期待できないことは明らかである。ここでの「弁護人」とは、「他人の罪」を語り、「自分の罪」を軽く処分してもらう被疑者、被告人の弁護人のことである。

弁護人の第一の任務は、少しでも被疑者、被告人の刑事処分を軽くすることである。そうすれば、被疑者、被告人が望む以上弁護人は「同意」せざるを得ないのではあるまいか。他方で弁護人には「社会正義の実現」（弁護士法一条）という使命があり、「依頼者の正当な利益」を保護するという任務がある。虚偽を述べて他人を罪に陥れ、自分の刑事処分を軽くすることは「正当な利益」とは言えないし、「社会正義」にも反する。しかし、依頼者が真実を述べているのか、虚偽を述べているのかその段階では判別が付かない。弁護人には被告人に対する「誠実義務」と「真実義務」があるとされるが、両者のうち「誠実義務」が優先するとするのが大多数の説であり、最近では「真実義務」の存在そのものを否定する見解が有力である。「真実」が何かわからない状況では、被疑者、被告人への「誠実義務」を優先し、被告人の罪を軽くするために「同意」せざるを得なくなる。さらに、被疑者、被告人としては意のままにならない弁護人は解任すればよいのである。この「弁護人の同意」がまったく歯止めにならないことは火を見るより明らかである。

弁護人は、板挟みの困難な立場に立たされるばかりか、冤罪づくりの片棒をかつがされることになりかねない。刑事弁護制度自体を歪めるものだ。

8 「取引を明るみに出す」結果となるのか

司法取引制度は、これまで述べてきたような「闇取引」を明るみに出すので、導入に賛成だとの意見がある。しかしこれは間違いだ。前述のギャレットは、一九八九年以後、有罪後DNAテストで無実であることが判明し、雪冤された第一号事件から第二五〇号事件の記録を取り寄せ、それぞれの誤判原因を検討し、分類した。二五〇件のうち、五二名（二一％）が、誤った情報提供者の証言が有罪を支える証拠であった。五二名のうち、二八名がジェイルの情報提供者（自身も捜査・訴追対象となってジェイル〔未決の被収容者が拘禁される施設〕で拘禁されている者。くわしくは一〇五頁参照）であった。「ジェイルの情報提供者のうち、二名だけが、警察や検察と取引をしたことを認めた。他のジェイルの情報提供者は、その証言と引き換えに利益が与えられるという明示的な約束の存在を一切否定した。それにもかかわらず、多くの者が、何らかの理由で、自分の事件について、より有利な結果を得たことを認めた」（ギャレット『冤罪を生む構造――アメリカ雪冤事件の実証研究』〔笹倉香奈ほか訳、二〇一四年、日本評論社、一四六～一四七頁〕）そして何人かの情報提供者は、取引の存在を否定したものの、自分に有利な結果をもたらすことを期待していたことを認めた。

ギャレットは述べる。

「検察官が一般に公判前に確かな約束をしないのは、二つの理由に基づくであろう。第一に、このような約束はどれでも、被告人側には開示しなければならず、さらに情報提供者の信用性を切り崩しうるからである。また第二に、検察官は、実際に証言を聴いた上で協力を得るまでは、いかなる確かな約束もしたくないかもしれないからである。検察官は、いかなる取引も曖昧にしておいて、寛大な処分を提供するのを公判終結後まで後回しにすることによって、被告人側に取引を開示しなければならないというルールを、うまく回避することができる」(同書一四八頁)

つまり、他人の罪を明らかにすることにより、自分の罪を軽く処分する約束をしてもらう制度が連邦刑事訴訟規則三五条により存在するアメリカにおいても、正式な取引がされることはまれであり、大部分が「闇取引」なのである。

ちなみに情報提供者が述べる証言の動機について、情報提供者たちは、「私が証言したのは、私の妻や子どもたちが被害者になった可能性があるからです。おわかりになりますよね」と述べたり、「……私がそれを行った理由とは、私には二人の九歳の娘がいるからです」と説明して、寛大な処分の約束などのいかなる利益の提供もされていないと述べたりした。またある情報提供者は、「懺悔」と「救済」について聖書で勉強していたときに被告人と話をして、その後、自分から検察官に申し出たと主張した。別の情報提供者は、自分は「密告者」ではなく「正しいと思うことを行っています」と述べた(同書一六〇頁)。こうした供述はすべて嘘だ。

司法取引制度の制度化は、「闇取引」を明るみに出す結果となることが期待できないことは、同じ制度を持つアメリカの実例により、実証されている。むしろ「取引」をすることが制度化され、これまで禁じられていた利益誘導が法的に正当化されることにより、「闇取引」に対する抵抗もなくなり、その裾野を広げることとなり、「闇取引」は著しく増大すると予測される。

第3章

海外の司法取引制度とその運用

アメリカ

笹倉香奈

はじめに

アメリカの司法取引制度は、かねてから日本にも紹介されてきた。そして、司法取引こそが、アメリカの刑事司法を際立たせる特色のひとつであるとされてきた。[1]

アメリカの司法取引は、「検察官の訴追裁量権の行使が、被告人との合意に基づき、訴追協力の見返りとして取引的に行われる」[2]ものであると定義されており、いくつかの類型に分けられるとされている。

第一は、被告人自身が有罪であることを認めること（つまり答弁手続において「自分が有罪である」と答弁すること）と引き替えに、検察官が訴因の縮小や一部撤回、求刑の引き下げなどをする、「自己負罪型」のものである。被告人が有罪の答弁をする場合には、公判のうち事実認定手続が簡易化され、量刑手続にすぐさま移行することになるため、手続が簡易化される。このような形態の取引は「純粋の答弁取引」とよばれている。

第二は、被告人が有罪答弁をし、かつ証言その他の捜査協力をすることを条件に、検察官が上述と同じような措置を行う場合である。これは「捜査協力型答弁取引」とよばれる。

第三は、証言や捜査協力を行うことと引き替えに、不起訴などを約束する場合である。これを「免責型司法取引」とよばれる。第二・第三の取引をあわせて、「捜査協力型取引」と称される。[3]

これらに対して、ある者に対して一方的に免責を与えることと引き替えに、証言を強制するという手続も存在するが（いわゆる刑事免責制度）、これは厳密な意味での「取引」とはいえない。[4] 自己負罪拒否特権を消滅させた上で、証言を強制するという点に主眼があり、両当事者の合意に基づく純粋の「取引」とはいえないためである。[5]

以上の取引的な手続のうち、アメリカでもっとも多用されているのは、第一類型、つまり純粋の答弁取引である。有罪の答弁が行われるのは起訴された事件の約九五％にのぼるといわれ、[6] その大多数が取引によるものである。純粋型答弁取引は、手続を効率化し、大量の刑事事件を迅速に処理するために発展してきた手続である。連邦最高裁判所もいうとおり、有罪の答弁をめぐる取引は刑事事件における最も重要な段階であり、[7]それこそがアメリカにおける刑事事件処理の主流なあり方であるといっても過言ではない。純粋型の答弁取引をめぐっては、現在なおその是非についての議論が続いている。[8]しかしながら、このような自己負罪型の答弁取引は、本書の直接の議論対象ではないため、この程度の言及に止めることにする（なお、法制審議会・特別部会では、自己負罪型の司法取引に類似する「刑の減免制度」の採用について議論が行われたが、同部会の最終とりまとめ「新たな刑事司法制度の構築についての調査審議の結果（案）」ではその採用が見送られた）。

そこで、以下、本稿では、上述の第二・第三類型の捜査協力型の取引について、アメリカの状況を詳述する。

1　捜査協力型取引

捜査協力型の取引は、アメリカの刑事司法に深く根付いている。それは答弁取引の制度があり、捜査官・検察官の裁量権が大きいアメリカでは当然の結果であるといえる。

捜査協力型の取引において、何らかの恩典の付与と引き替えに捜査への協力をする者のことを、「情報提供者」（Informants）、あるいはよりくだけた言葉で「密告者」（Snitches）とよぶ。恩典としては、より寛大な処分や不起訴の約束、身体拘束の回避、より寛大な量刑、金銭などの提供、捜査における有利な取り扱い、その他特権の提供（たとえば一定の麻薬取引について見逃すなど）が挙げられる。捜査への協力内容については、情報を提供することや第三者の公判廷において証人として証言をすることが典型的であるが、おとり捜査や潜入捜査に協力することも含まれることがある。情報提供者には、幅広い役割が期待されているのである。

情報提供者が自らの事件についても訴追を受けており、その見返りによって寛大な処分や不起訴の約束などの恩典が与えられる場合、情報提供者本人との関係で見れば、これは「自己負罪型」の取引となる。このように、自己負罪型と捜査協力型の取引は組み合わせて使われることもある。

捜査協力型の取引を行う場合、原則として罪種に制限は設けられていない。組織的犯罪、薬物犯罪、ホワイトカラー犯罪等の経済犯罪、贈収賄、殺人、テロリズム、誘拐その他あらゆる犯罪で用いられる。

情報提供者の中でも、とりわけ近年議論の対象となっているのが、いわゆる「ジェイルの情報提供者」(Jailhouse Informants, Jailhouse Snitches)である。ジェイルとは、主として未決の被収容者が拘禁される施設であり、ジェイルの情報提供者は、自身も捜査・訴追対象となってジェイルで身体を拘束されている者である。ジェイルで同室や隣室になった——あるいは、捜査機関によって意図的に同室や隣室にいれられた——他者が、ある犯罪について自白をしているのを聞いたという内容の供述や証言を行うのが、典型的なジェイルの情報提供者である。自らも捜査・訴追対象となっており、身体を拘束されているこのようなジェイルの情報提供者の供述や証言は、一般的に虚偽である危険性が高いとして問題にされている。

2 捜査協力型取引の問題点

ここ十数年ほど、アメリカでは捜査協力型の取引について、いくつかの問題点が指摘されてきた。以下では、その内容を概観しよう。

第一に、捜査協力型取引が現実の事件において冤罪の原因となっている点である。

二〇〇〇年代に入って、アメリカの刑事司法には大きなパラダイムの転換がみられた。いわゆる「イノセンス革命」(Innocence Revolution)[9]である。アメリカでは、一九九〇年代に入ってDNA鑑定を活用することによって、多くの冤罪が発見された。すでに三三〇人以上がDNA鑑定によって雪冤を果たし、うち二〇人は死刑確定者であった。[10]この事実は法律家や政治家だけではなく、一般市民にも大きな衝撃を与えた。さらに雪冤事件の詳細を分析することによって、一般的な冤罪の原因が明らかになった。このことによって刑事司法の大きな改革が各法域で達成されていくことになった。

同時に、情報提供者の証言が冤罪の原因となっていることも明らかになった。

たとえば、二〇〇四年に発表されたノースウェスタン大学ロースクール(イリノイ州シカゴ)のある研究によれば、[11]全米の死刑冤罪事件の四五・九%の冤罪原因が誤った情報提供者の証言であった。その数は、イリノイ州の死刑事件においては、冤罪原因の第一位であった。また、同年に公表されたカリフォルニア州の報告書によれば[12]、同州の冤罪事件の二〇%では、虚偽の情報提供者の証言が公判で行われていた。翌年、誤判に関する研究を続けるサミュエル・グロスらは、殺人冤罪事件の半数近くは、「ジェイルの情報提供者その他、虚偽の証言によって何らかの恩典を受けた者」による偽証がかかわっている、と結論づけた[13]。最近になって、DNA鑑定による雪冤事件の記録を詳細に検討したブランドン・ギャレットは、DNA型鑑定による最初の雪冤事件二五〇件のうち、情報提供者の証言が確定判決の有罪認定を支える証拠となっていたものが、五二件(二一%)存在していたとした[14]。

第二の問題点は、捜査協力型取引のプロセスについて、事後的にその適正さを検証することが難しいことである[15]。

捜査協力型取引は当然ながら、隠れて行われる。取引の時期や方法、内容は、法域や捜査官によって異なる。情報提供者と捜査官とのやりとりは記録されておらず、もちろん録音・録画もされていないため、事後的な検証が難しい。情報提供者自身も、捜査・訴追側も、第三者の犯罪を立証するような供述・証言によって利益を得る。捜査・訴追側も、当該供述・証言が虚偽のものではないか、信用性があるのか否かについて解明するインセンティブは低い[16]。

取引が捜査段階で行われる場合、合意内容は捜査官と情報提供者間のものにとどまってしまい、検証が行われる機会もない。また、情報提供者によって提供された情報に基づいて捜査や訴追の対象とされた被疑者・被告人が、その後有罪の答弁を行って有罪判決を言い渡された場合には、簡易な手続きで事件が処理されるため、情報提供者の供述の信用性やその供述過程の適正さなどについて判断する場がない。捜査協力型取引の過程は、本来的に適正さの確保がなされにくいのである。秘密裏に取引が行われており、内実も明らかではないために、情報提供者にまつわる問題点は明らかになりにくい。

第三の問題は、情報提供者が虚偽の証言や信用性の低い証言を行う場合でも、事実認定者がそのことを見抜けないかもしれないという点である。

情報提供者が公判廷において証言する場合、たとえば反対尋問などをとおして、その証言が信用できるものか否かを事実認定者が判断することは可能なのだろうか。連邦最高裁は、かねてから、事実認定者たる陪審員は、証言の信用性を十分に判断することができることを前提としてきた[17]。この前提に立った場合、他人に対して引き込み供述をするような情報提供者の証言について、陪審員はその信用性が低いことを見破ることができるから問題はないといえそうである。しかし、最近の実証研究によれば、陪審員は情報提供者の証言を低く評価するとは限らないことが明らかにされている[18]。

そして最後の問題点は、情報提供者自身が弱者であることもあり、保護されるべき立場におかれていることがあるという点である。たとえば、薬物中毒者、少年、知的障がい者その他の弱者は取引に応じてしまいやすく、虚偽の情報を提供してしまう可能性も高い[19]。前歴がある被告人や犯罪組織と関わりのある被告人の証言よりも、情報提供者の虚偽の証言のほうが信用されてしまう可能性もある。二〇〇〇年代中頃にアメリカ北東部ではじまり、その後全米で展開された〝密告者を止めろ〟(Stop Snitchin')キャンペーンは、捜査協力型取引のこの点を批判するものであった。[20]

3 捜査協力型取引の改革の動向・提言

以上のような問題が明らかにされることにより、とくに二〇〇〇年代以降は、捜査協力型取引の改革の動きや、提言が行われ始めている。

この点について、もっとも消極的な法域のひとつが、連邦政府であるといわれている。連邦捜査局(FBI)は情報提供者に関するガイドライン[21]を作成しているものの、その遵守はなされていないと指摘されてきた。[22]また、実際に情報提供者の利用が冤罪の原因となっている事件も後を絶たないにもかかわらず諸州における下記のような諸改革が、連邦政府においては行われていない。

それでは、州やその他の司法関連の団体から、情報提供者に関して、いかなる改革や改革に向けた提言が行われているのだろうか。以下では、この点を概観しよう。

①証拠開示

連邦最高裁は、いわゆるブレイディ事件判決[23]において、有罪・無罪の判断や量刑の判断に

「重要」（material）であり、被告人に有利な証拠、すなわち「無罪の証拠」（exculpatory evidence）または「弾劾証拠」（impeachment evidence）（これらの条件に当てはまる証拠のことを「ブレイディ証拠」という）を検察側で公判廷で開示しなかった場合は、被告人の適正手続を受ける権利が侵害される、とした。その後、最高裁は、検察側の証人の信用性を弾劾する証拠（当該事件においては情報提供者たる証人が証言の見返りに不起訴となったという事実）はブレイディ証拠であるから、被告人側に開示されねばならないとの判断[24]も行った。しかし最高裁は二〇〇二年に、検察側は重要な弾劾証拠を刑事被告人との有罪答弁の合意前に開示することを憲法上義務づけられていない、との判断を行った。[25]なぜなら、弾劾証拠は、公判の公正さに関連する情報であったとしても、有罪答弁が任意に行われるか否かという問題には関わらないからである、という。したがって、被告人に有利な弾劾証拠を開示しなければならないというブレイディの法理は、有罪答弁が行われる場合（公判前）には適用されないことになった。[26]

以上のような最高裁の判断からは、少なくとも、以下のことを読みとることができる。すなわち、被告人が有罪の答弁をせずに公判審理を選択する場合については、情報提供者たる証人の証言の信用性判断にかかわるような証拠（証人が恩典を受けたという事実、証人の自己矛盾供述、前科前歴、他の事件における証言の有無やそれによって受けた恩典の有無など）について、被告人に対して事前に開示されなければならない。また、有罪の答弁をする被告人であっても、その無罪を示すような証拠についていては、事前に開示しなければならない。

しかし、このような範囲の証拠・情報の開示では足りないとして、アメリカ法律家協会（American Bar Association、以下ＡＢＡ）や連邦の下級審裁判所、州の裁判所においては、情報提供者に関する証拠について、より広い範囲での証拠・情報の開示が必要であるとされている。

たとえば、ＡＢＡの「法曹の倫理と責任に関する常設委員会」（ABA Standing Committee on Ethics and Professional Responsibility）による規定三・八は、「『重要』であるかにかかわらず、検察官は、被告人の有罪を打ち消し又は罪を減ずる可能性があるもので、検察官が知りうるすべての証拠又は情報につき、時宜にかなった開示をしなければならない」と定める。「時宜にかなった」というのは、被告人側にとって、当該証拠又は情報が効果的に使える時期のことであり、これは有罪の答弁をするかしないかを判断する時点など、早期の時期を意味する。

刑事司法における公正さと正確性を確保するための様々な提言を行ってきた非営利団体のジャスティス・プロジェクトは、二〇〇七年の報告書『ジェイルの情報提供者の証言――政策の見直し[27]』において、ジェイルの情報提供者の証言に関連する情報については、公判前に必ず開示するべきであるとした。とくに、捜査協力の合意内容に関する書面と、情報提供者の信用性にかかわる情報の開示が重要であるという。

ニューヨーク州にある非営利団体であるイノセンス・プロジェクトが公表している、ジェイルの情報提供者に関する模範立法案[28]の二〇一五年度版も、情報提供者の証言に関する情報（情報提供者の犯罪歴、恩典の内容、情報提供者が聞いたとされる原供述の内容、原供述が行われた場所・時間、情報提供者が証言を行った他事件の情報など）の時宜にかなった開示を求めている。

この点についての改革を先取りした、二〇〇〇年に改正されたイリノイ州法は、七二五章第五節一一五―二一条で死刑事件における情報提供者に関する条文を設けており、[29] その（c）項では、ジェイルの情報提供者を証人にする場合の特別な証拠開示ルールを定めている。それによれば、検察官は、①情報提供者の犯罪歴、②恩典の内容等、③情報提供者が聞いたとする原供述の内容、④原供述が行われた日時場所、情報提供者によって原供述内容が捜査官に伝えられた日時・状況、⑤情報提供者が当該供述を撤回したか、どのような状況でしたか、⑥過去に情報提供者が証言を行った事件、⑦その他、情報提供者の信用性にかかわる全ての情報を被告人側に開示しなければならないという。

また、ノースカロライナ、オハイオ、コロラド、フロリダ、アリゾナ、ニュージャージー、テキサスなどの諸州では、いわゆる〃オープン・ファイル・ポリシー〃（Open File Policy）が採用されている。つまり、検察庁が事前かつ早期に全面的な証拠開示を行うという方針を採用しており、このような州においては、情報提供者側と情報を使われる側の双方ともに対する証拠開示が、早期かつ全面的に行われていることになる。[30]

②補強証拠[31]

二〇〇五年に公表されたＡＢＡの刑事司法部会報告書[32]は、ジェイルの情報提供者の証言のみを証拠として、被告人に有罪判決を言い渡すべきではないと結論づけ、このような者の証言には補強証拠が必要であるとの提言を行った。ジャスティス・プロジェクトの報告書はさらに、情報提供者の証言には補強証拠を必要とすべきであり、その補強証拠は被告人の犯人性を裏付けるものでなければならないと提言する。

この点については、テキサス州の二〇〇九年の刑訴法改正が、薬物事件での情報提供者の証言だけではなく（二〇〇一年改正で挿入）、ジェイルの情報提供者の証言にも補強証拠が必要であると規定し[33]、しかも補強証拠の範囲は、被告人の犯人性についてでなければならないとした。ほかにも、イリノイ、マサチューセッツ、アイダホ、カリフォルニアなどの諸州において、同様の規定がつくられている。

③陪審員への説示

さらに、一部の州では、情報提供者の証言が公判において行われた場合、事実認定を行う陪審員に対して、当該証言の信用性に関わる情報について、裁判官から特別の説示が行われることとされている。

たとえば、カリフォルニア州では、「拘禁された情報提供者の証言については、注意し、詳細に検討する必要があります。このような証言について評価する場合、皆さんはこの証人をよんだ当事者から受けた、あるいは受けることが期待されている恩典によってその証言が影響されているか否かを判断しなければなりません。このことは、皆さんがこの証言を恣意的に無視して良いということを意味するのではありません。そうではなくて、このような証言についでは、この事件におけるすべての証拠に鑑みて、それにふさわしい評価を行わないといけないのです[34]」と述べた上で、情報提供者の証言について、独立した補強証拠がないといけないこと、それが犯人性について補強するものでないといけないことを説示しなければならない。

その他、イリノイ、コロラド、モンタナ、オクラホマ、オハイオ、ウィスコンシン、コネチカット、その他多数の州裁判所でも同様の説示が行われている。

④情報提供者たる証人の信用性に関する審問

不公平かつ虚偽の証言を排除し、情報提供者の証言に信用性があることを判断するために、公判前に審問（いわゆるReliability Hearing）を開くという方策もある。たとえばイリノイ州法は、「裁判所は、情報提供者の証言が信用できるかを判断するための審問を行わなければならない。ただし被告人がそのような審問の機会の放棄をする場合はこの限りでない。もし訴追側が、証拠の優越基準によって当該情報提供者の証言が信用できることを証明できない場合、裁判所は当該証人を公判において証言させてはならない。この審問において、裁判所は（c）項〔引用者注：上記証拠開示の際の開示事項〕で上げられている諸点及びその他信用性にかかわる諸点を考量しなければならない[35]」と定めている。オクラホマ州、ネバダ州などでも、裁判所により情報提供者の信用性を判断するための審問が公判前に行われた例がある。[36]

情報提供者証言の信用性を判断するためのこのような審問は、専門家の証言の信頼性判断のため、公判前に審問が行われねばならないとした連邦最高裁判例[37]と同様の理由から行われるべきであるとされる。つまり、専門家証人の証言と情報提供者の証言とは、当該証言内容が「その証人にしか知りえない」情報である点や、証言に対する反対尋問が難しい点、証拠能力が認められた場合に信用性が高いと評価されてしまいがちである点が類似する。したがって、情報提供者証言の信用性についても、事前の審問が必要であるというわけなのである。[38]

前述のジャスティス・プロジェクトの報告書とイノセンス・プロジェクトの模範立法案も、同様の提言を行っている。

⑤情報提供者の供述の電子的録音・録画

イノセンス・プロジェクトの模範立法案は、情報提供者によって行われた供述について、電子的な録音・録画をすべきであるとする。録音・録画が設備上困難であったとしても、少なくとも録音はなされないといけないとされる。同立法案は同様に、情報提供が行われた事件については、当該録音・録画媒体が上訴・人身保護などの手続が尽きるまで保存・保管されるべきこと、その保存・保管期間が被告人の裁判所に対する申立によって延長されうるべきであるとしている。

⑥情報提供者自身の保護

さらに、情報提供者自身が弱い立場の者であることも多く、その保護が必要であるという主張も存在する。この点に関して、連邦には充実した証人保護プログラムが存在するが（US Federal Witness Security Program）、対して、このようなプログラムが準備されていない州もある。そこで、マサチューセッツ州とメリーランド州では、証人威迫の処罰などの法改正がなされ、フロリダ州では、情報提供者となるように捜査機関との間での協議が始まる際には、まだ当該人物がチャージ（訴追）されていないとしても、弁護人を付するという改正が行われた。

また、いくつかの州では、少年や知的・精神的障がいを持つ者を情報提供者とすることを禁じている。これらの者は、誤った情報を提供してしまいがちであり、かつ自己決定ができず、不利な取引をしてしまう可能性があるからである。たとえば、カリフォルニア州では、一三歳未満の者を情報提供者とすることを禁じており、また一八歳未満の者を情報提供者にする場合には裁判官の許可が必要であるとする。[39]

⑦被告人側のための情報提供者

さらに、学説からは、捜査・訴追側のみならず、被告人側にも情報提供者を認める制度をつくるべきであるとの提案もなされている。

現在、弁護人が証人に対して証言のために恩典を与える場合には、証人買収などの犯罪に問われる可能性がある。そこでジョージ・ハリス教授は、被告人にとって有利な証拠を提供する情報提供者についても、捜査・訴追側が恩典を与えるような制度をつくるべきであると主張する。また証人自身が、被告人にとって有利な証拠を提供することと引き替えになんらかの恩典を受けることを裁判所に対して申し立てる制度をつくるべきであるともする。但し、当該証言に関する手続や情報は、被告人に不利な証言をする証人に対する物と同様、証拠開示や録音・録画の対象となるべきであるという。[40] 当事者対等という観点からは、傾聴に値する見解であろう。

おわりに

以上のとおり、アメリカの刑事司法において捜査協力型の取引は、必要不可欠なものとして利用されてきた。しかし、近年、危険性が明らかになり批判が高まるとともに、その手続や取引によってえられた証拠の扱い方について様々な改革や改革の提案が行われてきたのである。それらの動きは、秘密裏に行われる取引の過程を透明化し、適正化しようという方向性を持つ点では一致している。

アメリカの情報提供者は多様な場面で使われている。しかし、それによって冤罪が生まれるという危険性が最も高まるのは、当該情報提供者が何らかの恩典を受け、他人の公判廷において証言をする場合である。そして当該情報提供者が自身も拘禁されている者である場合には、その証言が虚偽である危険性が極めて高いとされているのである。したがって、以上に紹介してきた改革・改革提言も、いわゆるジェイルの情報提供者の証言を中心とするものである。確かにジェイルの情報提供者は、自身が何らかの罪について未決拘禁をされている立場にあることが多いため、捜査側から恩典を受けるという誘引がとくに強い。しかし、同様のことは、なんらかの恩典を求めて捜査協力を行うという全ての情報提供者にも妥当するであろう。

［注］

（1）代表的なものとして、佐藤欣子『取引の社会』（中央公論新社、一九七四年）。
（2）宇川春彦「司法取引を考える（1）」判例時報一五八三号（一九九七年）四〇頁。
（3）宇川・同上。なお、このような取引においては、証人として公判廷に出て証言をするという協力の方法が約束されることもあるため、「捜査」のみならず「公判」への協力をすることにもなる。そのため、日本では「捜査公判協力型取引」ともいわれるが、本稿では以下、便宜的に「捜査協力型」とよぶこととする。
（4）刑事免責制度について、宇川・同上などを参照。
（5）宇川春彦「司法取引を考える（10）」判例時報一五九九号（一九九七年）二四頁。
（6）Missouri v. Frye, 132 S. Ct. 1399, 1407（二〇一二）は、州裁判所における有罪判決の九四％と、連邦裁判所における九七％が有罪答弁にもとづくものであるという。
（7）Frye, at 1407.
（8）白井諭「合衆国における答弁取引と『無辜の不処罰』——『無辜の有罪答弁』をめぐる近年の論稿より」大

阪経済法科大学法学論集 七二号五七頁(二〇一四年)。

(9)イノセンス革命については、笹倉香奈「イノセンスプロジェクトの活動とそのインパクト」季刊刑事弁護七一号(二〇一二年)一八八頁。

(10)DNA鑑定による雪冤者の数や事件の詳細などのデータは、http://www.innocenceproject.org/ で見ることができる。

(11)Rob Warden, *The Snitch System: How Snitch Testimony Sent Randy Steidl and Other Innocent Americans to Death Row*, Center on Wrongful Convictions, Northwestern Univ. School of Law, obtainable at: https://www.aclu.org/drug-law-reform/snitch-system-how-snitch-testimony-sent-randy-steidl-and-other-innocent-americans-de

(12)Nina Martin, Innocence Lost, *San Francisco Magazine*, Nov. 2004, at 87-88.

(13)Samuel R. Gross et al., *Exonerations in the United States, 1989 through 2003*, 95 J. Crim. L. & Criminology 523 (2005) at 543-544.

(14)ブランドン・ギャレット著、笹倉香奈・豊崎七絵・本庄武・徳永光訳『冤罪を生む構造』(日本評論社、二〇一四年)〔原著:Brandon Garrett, *Convicting the Innocent* (Harvard, 2011)〕。

(15)Alexandra Natapoff, *Snitching: Criminal Informants and the Erosion of American Justice* (NYU Press, 2009) at 83.

(16)Alexandra Natapoff, Beyond Unreliable: How Snitches Contribute to Wrongful Convictions, 37 *Golden Gate Univ. L.R.* 107 (2010) at 108.

(17)See, Hoffa v. United States, 385 U.S. 293 (1966).

(18)Jeffrey S. Neuschatz et al., The Effects of Accomplice Witnesses and Jailhouse Informants on Jury Decision Making, 32 *Law & Hum.* Behav. 137 (2008).

(19)Natapoff, Snitching, at 39, 880 (kindle version).

(20)密告者を止めろ Stop Snitchin'キャンペーンについては、Rachael Woldoff & Karen Weiss, Stop Snitchin': Exploring Definitions of The Snitch and Implications for Urban Black Communities, *J. of Crim. Justice and Pop.*

Culture, 17(1) (2010) at 184など。

(21) *The Attorney General's Guidelines Regarding the Use of FBI Confidential Human Sources* (2006), available at http://fas.org/irp/agency/doj/fbi/chs-guidelines.pdf
本ガイドラインは、一九七六年に作成され、その後二〇〇二年に大幅な改訂が行われている。

(22) Eric Lichtblau, FBI Found to Violate Its Informant Rules, *NY Times*, Sept. 13, 2005 は、二〇〇五年の連邦司法省の総括監査官の報告書によれば、およそ八七％のケースでガイドラインが遵守されていなかったと指摘する。

(23) Brady v. Maryland, 373 U.S. 83 (1964).

(24) Giglio v. United States, 405 U.S. 150 (1972)

(25) United States v. Ruiz, 536 U.S. 622 (2002).

(26) なお、本判決ではあくまで「弾劾証拠」に関する判断であり、「無罪の証拠」については最高裁は明示的に述べていない。

(27) The Justice Project, *Jailhouse Snitch Testimony – A Policy Review* (2007), obtainable at http://www.pewtrusts.org/uploadedFiles/wwwpewtrustsorg/Reports/Death_penalty_reform/Jailhouse%20snitch%20testimony%20policy%20brief.pdf

(28) An Act Regarding Disclosure and Regulation of Jailhouse Informant Testimony, available at: http://www.innocenceproject.org/free-innocent/improve-the-law/JailhouseInformantModelBill2015.pdf (last accessed in April 2015)
http://www.innocenceproject.org/free-innocent/improve-the-law/JailhouseInformantModelBill2015.pdf (last accessed in April 2015)

(29) Ill. Comp. Stat. ch. 725, S5/115-21.

(30) オープン・ファイル・ポリシーについては、指宿信『証拠開示と公正な裁判』(〇〇、二〇一四年)を参照。

（31）関連して、共犯者供述について補強証拠を必要であるとする州は、一八州ある。

（32）ABA Criminal Justice Section, *Report to the House of Delegates – Recommendations*, availabe at http://meetings.abanet.org/webupload/commupload/CR209700/relatedresources/ABAInformant'sRecommendations.pdf (last accessed in April 2015)

（33）Tex. Code. Crim. Pro. art. 38-075 Article 38-075, 38-141.

（34）カリフォルニア州の説示集は、http://www.courts.ca.gov/partners/documents/calcrim_juryins.pdf で参照することができる。拘禁されている情報提供者に関する説示は、同説示集の一〇九頁以下。

（35）Ill. Comp. Stat. ch. 725, S5/ 115-21(d).

（35）See, Natapoff, Snitches & Wrongful Convictions, at 113. D'Agostino v. State, 823 P. 2d 283 (Nev. 1992), Dodd v. State, 993 P. 2d 778, 785 (Okla. Crim. App. 2000).

（37）Daubert v. Merrell Dow, 509 US 579 (1993)は、事実審裁判所が、公判とは独立して、専門家証人の証言の信用性判断を行うべきであるとする。

（38）George C. Harris, Testimony for Sale: The Law and Ethics of Snitches and Experts, 28 *Pepp. L. Rev.* 1, at 4 (2000): Natapoff, Snitches & Wrongful Convictoins at 113.

（39）California Penal Code 701.5 (2008)

（40）Harris, supra note (37) at 64-68 (2000)

ドイツ

内藤大海

はじめに

ドイツでは、捜査協力型の司法取引において刑の減軽および免除を受ける人物は「王冠証人」(Kronzeuge)とよばれる。[1] ドイツ刑法(以下、本節ではたんに「刑法」とする)四六条bは、自由意思に基づきその知識を明らかにすることにより、自らの犯罪行為と関係するある一定の犯罪行為の解明(一項一号)または阻止(一項二号)した者について、刑を減軽または免除することができると規定している。現行の王冠証人規定は、二〇〇九年改正で新設され、二〇一三年改正において関連性要件が付加されるなどの修正が加えられたものであるが、王冠証人をめぐる議論自体は一九七〇年代以前から行われていたといわれている。本節では、まず王冠証人をめぐる立法の歴史を紹介した後で、二〇〇九年改正により刑法に追加された、いわゆる新しい王冠証人規定を中心に紹介することとする。

1 王冠証人規定をめぐる立法の歴史

(1)新しい王冠証人規定の新設(二〇〇九年)に至るまで

王冠証人規定をめぐっては、一九七〇年代以前もとくにテロ対策を意識した立法の試みはあったものの、当時は結果的に立法化には至らなかった。実際に立法化されたのは、刑法典ではなく特別法である麻酔剤法(Betäubungsmittelgesetz)[2]においてであった。刑法典に王冠証人に関する規定が立法されたのは、一九八九年のことであった。同年の「王冠証人に関する法律」[3]の四条により、一定の重大犯罪を対象とする王冠証人規定が刑法典に追加されることとなった。すなわち、刑法一二九条a(テロ結社罪)に掲げられた故殺、謀殺、人格的自由に対する犯罪などの重大犯罪の行為者または共犯者が、自らまたは第三者の仲介により刑事訴追機関に対して、犯罪行為の発生を阻止するか、その真相の解明に協力をするか、犯人の身柄確保を可能にする供述をした場合には、連邦検事総長は、連邦通常裁判所刑事部の同意を得て、訴追を放棄することができ、また裁判所は刑を減免できることとなった。ここでは、起訴法定主義が採用されているドイツ刑事手続において、訴追放棄の可能性までも認められていたという点が注目に値する。ただ、一九八九年改正法は、時限立法であり、二度の延長手続を経て一九九九年一二月三一日まで有効であったが、二〇〇〇年一月一日に失効していた。その後、二〇〇九年の新しい王冠証人規定の立法に至るまで、刑法典において王冠証人規定は存在しない状態が続いていた。

(2)新しい王冠証人規定[4]

二〇〇九年の王冠証人規定の立法の背景には、組織犯罪およびテロリズムに対する世界的世論の背景があった。法案は同年六月二九日に連邦議会で可決され、九月一日に施行されることとなった。この規定は、その後二〇一三年の改正により一部修正されることとなるが、概ね現行の王冠証人規定の基礎をなすものといえよう。

新しい王冠証人規定は、刑法典において四六条bとして新設され、ドイツ刑訴法(以下、本節では たんに「刑訴法」とする)一〇〇条a二項に掲げられた一般刑法犯(通信傍受の対象犯罪)にまで対象が拡大された。このうち刑法典に含まれるものとしては、たとえば、平和に対する罪(八〇条、八一条a)、国防に関する罪(一〇九条d～一〇九条h)、謀殺および故殺(二一一条、二一二条)はもちろん、集団窃盗(二四四条一項二号)、強盗および恐喝の罪(二四九条～二五五条)、職業的盗品譲受、集団的盗品譲受および職業的集団的盗品譲受(二六〇条、二六〇条a)といった財産犯や、入札談合罪(二九八条)などの経済犯罪も対象とされることとなった(【資料②】一四〇頁)。

対象犯罪は非常に多岐にわたるが、その背景にはやはりテロおよび組織犯罪撲滅のための内部情報の獲得手段の必要性があったとされている。日本を含む多くの国と同様、ドイツにおいてもテロ対策および組織犯罪対策はかなり以前から急務とされていた。一九九二年の組織犯罪対策法[5]によって、刑訴法にも潜入捜査(一一〇条a以下)、遠隔通信の監視(一〇〇条a以下)などに代表される、組織内部の情報取得を目的とした捜査手法が新たに新設されることとなった。時代は前後するが、二〇〇九年の王冠証人法立法の背景にも、テロおよび組織犯罪の解明の困難性が挙げられていた。連邦議会議事録によれば、外部からの捜査手法では高度の共謀性という特徴を有する組織内部の情報を取得することは困難であるため、価値ある内部情報を有する人物の情報提供が必要であり[6]、一般的量刑規定の新設により、これまで以上に犯罪の解明ないし阻止に対する協力に動機づけを与えることで組織内部への侵入の容易化を目指したものであった[7]。ドイツにおけるこのような立法背景は、特別部会において指摘されていた状況ともおおむね共通するものといえよう。

(3) 二〇〇九年王冠証人規定の問題点と二〇一三年改正

二〇一三年に改正された現行の刑法四九条bは、「自らの犯罪行為と関係のある」犯罪について、当該犯罪の解明または阻止のために有益な情報を捜査機関側に提供した者について、裁判所が刑を減軽または免除することを認める。しかし、「自らの犯罪行為と関係のある犯罪」という文言は、二〇一三年改正で新たに追加されたものであり、改正前の刑法四六条bでは、王冠証人の証言によって解明ないし阻止される犯罪と、それによる刑の減免の対象となる犯罪とは同一犯罪であることを必要とされないばかりか、両者の関係性すら要件とはされていなかった。しかし、このような解明または阻止の対象となる犯罪と量刑上優遇を受けることになる王冠証人自身が犯した犯罪との「牽連性」(Konnexität) 要件の欠如は、ドイツ学説において最大の批判の対象とされた。また、実際の裁判で、王冠証人自身が全く関与しない犯罪の暴露によって量刑上の優遇を受けるという事態が生じたことにより、問題が露見することとなった。すなわち、連邦通常裁判所第五刑事部二〇一〇年五月一九日決定では、文書偽造および同未遂を理由として有罪判決を受けた被告人が、自らが被害者となった強盗的恐喝罪(刑法二五五条)と行為単一の関係にある恐喝的誘拐罪(刑法二三九条a)の解明に寄与する情報提供をしたことにより、刑法四六条bによる刑の減免を受けることができるかが問題となった。原審は、同条の適用を認めなかったが、[8] 連邦通常裁判所第五刑事部は、王冠証人による解明助力の対象となる犯罪は刑訴法一〇〇条a二項に掲げられた犯罪のいずれかに該当すればよく、自らの犯罪との関連性は要件とされないということを明らかにした。[9]

以上のような問題状況に鑑み、現行の刑法四六条では、王冠証人が自らの犯した犯罪行為について量刑上の優遇を受けるにあたり、当該行為と自らが解明ないし阻止に寄与することになる犯罪との間に「関連性」(Zusammenhang) が求められることになった。[10] ここにいう関連性とは、王冠証人自身の犯罪と解明ないし阻止されるべき犯罪とが全く同一であることを必要とせず、一定の関連性があればよいとされる[11](たとえば、薬物密輸行為に関与した被告人がそれと関連性のある販路を露見する場合も、同人がその犯罪行為に関与していたかどうかにかかわりなく、量刑上の優遇が図られることになる)。[12]

2　王冠証人規定に関する実体法的問題——責任主義的問題

（1）関連性（Zusammenhang）の要件と対象犯罪の範囲

上述の通り、現行法では、王冠証人自身が犯した犯罪と、同人の証言によって明らかにされる犯罪行為との間に一定の関連性が必要とされることとなった。王冠証人によって解明されなければならない犯罪は、遠隔通信の監視対象となりうる犯罪であり刑訴法一〇〇条a二項にその一覧が明示されている（刑訴法四六条b一項）。当初、立法事実として犯罪組織内部からの切り崩しの必要性が主張されていたはずであるが、この一覧に含まれるものは、必ずしもテロ犯罪、組織犯罪に限定されず、重大性犯罪、殺人罪、強盗・恐喝犯罪、文書偽造罪なども解明対象犯罪とされ多岐にわたる（【資料②】）。この点、遠隔通信の監視対象犯罪と王冠証人によって解明されるべき犯罪とが、同一である必然性はとぼしいようにも思われる。

（2）解明および阻止への寄与度

王冠証人が量刑上の優遇を受けるためには、対象犯罪の解明または阻止に寄与したといえるレベルでの犯罪関連情報が提供されなければならず、自らの行為寄与を超えた範囲に及ぶものでなければならないとされる（刑法四六条b一項第三文）。具体的には、王冠証人が解明対象犯罪に関与していない場合は、自白は必要ではない。解明助力により、特定の人物に対して、対象犯罪を実行したことに関する十分な嫌疑が掛けられ、同人の身許が特定され、未認知の犯罪行為か、既知の犯罪行為を犯したことが立証されたときは解明結果が認められる。[13] 量刑上の優遇の基礎となる解明結果の認定は裁判所によって行われ、解明結果が生じたか否かについて疑念があるときは、挙証責任は王冠証人に課せられる。[14] その限りで、疑わしきは被告人の利益にの原則は妥当しない。[15] 王冠証人として優遇を受けることを望む者は、公判開始前(刑訴法二〇七条)に解明助力を行わなければならない(刑法四六条b三項)。

(3)問題点

刑法四六条bに対しては、さまざまな批判がある。ここでは、実体法的視点からの問題点をみておこう。まず、平等原則を規定したドイツ基本法三条一項に違反するのではないかとの指摘がある。たとえば、王冠証人自身が犯した犯罪と同人によって解明されるべき犯罪とが同一である場合、すなわち王冠証人が共犯者の犯罪行為について解明助力を行った場合、両人が同一の犯罪行為を行っているにもかかわらず両者の間で取り扱いが異なるという問題が生じるためである。[16] また、対象犯罪(刑訴法一〇〇条a二項)の情報を有する者は量刑上の優遇を受け、それ以外の犯罪について情報を有する者はそのような優遇を受けないという点で、構成要件間における不平等が生じよう。[17] そして、より深刻であると思われるのは、犯罪に深く関与した者の方が、それほど関わりを持たず、犯罪の解明に寄与しうる情報を有していない者よりも訴追ないし量刑上の優遇を受けやすいという点である。[18] 犯罪傾向の進んでいる者、あるいは組織の中核に近い地位にある者の方が、むしろ問われるべき責任は重大であるところ、逆の効果が生じることになってしまう。なお、責任主義という点からは、牽連性ないし関連性要件のなかった二〇〇九年法に対しては、非常に激しい批判が浴びせられていた。たとえば、自白や損害回復といった行為者自身の積極的事後的態度がある場合、行為者の内心的事情を考慮し、特別予防的側面から刑の減免が図られることになる。しかし、二〇〇九年法では王冠証人自身の犯罪行為とは全く別の犯罪行為に関する申告であっても、刑訴法四六条bの一般的量刑規定の枠内で考慮されることになるため、刑の減免に関する従来の理解では説明しきれなかったわけである。現行規定では、このような批判に対応すべく関連性要件が付加されることになった。すなわち、王冠証人が自らの犯罪と関連性を有する犯罪の解明に寄与することは、同人がこれらの犯罪を取り巻く犯罪的環境から離脱することに繋がる。より典型的なのは、王冠証人が自らの犯罪行為の共犯者について解明助力を行う場合である。たとえば、組織的に行われた犯行について組織情報を提供することは、犯罪の全貌解明に資するという政策的要請を満たすばかりではなく、王冠証人自身が当該犯罪組織と訣別し、離脱することに繋がり、その分だけ特別予防的観点からの処罰要請は低くなるといえよう。[19]

3　手続法的問題

(1)王冠証人の供述の信憑性——手続きの膨張

手続法的にもさまざまな問題が指摘されている。最も懸念される点としては、王冠証人の供述の信憑性の問題であろう。というのは、王冠証人になろうとする者が量刑上の優遇を求めて他者に責任転嫁するばかりでなく、他者を有罪に陥れたいという私的な動機から虚偽の解明助力を行うことも考えられるからである。これに対しては虚偽告訴罪(刑法一四六条)等による制裁が予定されているが、元々予定されていた刑の重さを考慮すれば、それらの対抗措置による威嚇効果には疑問が持たれている。[20] そのため、王冠証人の証言の信憑性判断にあたっては、同人の背後関係に関する綿密な調査が必要となるため、手続きが膨張するという訴訟経済上の問題が生じることとなる。[21]

(2)自己負罪拒否特権侵害の危険性——解明効果の事後的認定

王冠証人になろうとする者は、公判開始決定の前までに解明助力を行わなければならない(刑法四六条b三項)。すなわち、王冠証人はまず捜査機関に対して他者の犯罪行為に関する有益な情報提供を行うことになる。しかし、当該情報提供が犯罪の解明に有効であるか否かを判断するのは、裁判所である（刑法四六条b二項）。そのため、王冠証人が刑の減免を期待して情報提供を行ったにもかかわらず、それに対して裁判所が解明効果を認めず、期待した量刑上の恩恵を受けられないという事態が生じることも想定される。とくに問題となるのは、王冠証人が共犯者と共同して行った一個の行為について証言を行う場合である。この場合、共犯者の犯罪行為の解明のために有益な情報提供（解明助力）を行うことは、同じ行為を共同して行った自己の行為に関する供述を含むことになりうるからである。すなわち、王冠証人が自らに対しても不利益な情報提供（自己負罪供述）を行ったにもかかわらず、裁判所によって解明助力が認められなければ期待した量刑上の優遇を受けることはできず、結局、自己負罪供述は水泡に帰してしまうことになるのである。[22] 量刑上の優遇を期待してなした自白ということになれば、意思決定の自由ないし意思活動の自由に影響を与える尋問方法を禁じた刑訴法一三六条aとの関係でも問題となろう。

また、量刑上の優遇を受けることができるか否かは、王冠証人に対する手続きの帰趨を決する重要なポイントとなる。したがって、危険を犯して情報提供（解明助力）を行うか否かの判断が非常に大きな意味を持ち、捜査段階における刑事訴追機関との折衝が大きなウェイトを占めることになるため、訴訟の中心を警察が担うことになるという指摘がある。[23] 公開主義（裁判所構成法一六九条以下）[24]および公判中心主義の観点からも問題があろう。

（3）刑事弁護人の役割の変化

王冠証人制度の導入により、刑事弁護人の役割にも変化があることが指摘されている。上述のように、王冠証人の弁護人が公判開始決定の前段階において、いわば刑事訴追機関との交渉人としての力量を問われることになることは想像に難くなく、ややもすれば国家的訴追利益の仲介者になってしまうというジレンマに陥りやすいという指摘もある。しかし問題はそれにとどまらない。以下、とくに問題となりそうな点についてみておこう。

①虚偽供述の疑いのある依頼者の弁護

自らの依頼者にとって不利な証言を行う証人の供述の背後関係を批判的に調査することは、その依頼を受けた弁護人の職務であることはもちろんであるが、依頼者との関係でもタブーは許されない。とくに依頼者の証言について疑念を抱いているような場合が問題となる。マレックによれば、虚偽と思われる供述を行おうとする依頼者を弁護人が援助するならば、客観的には虚偽告訴罪の幇助犯になるし[25]、不当に有罪にすることの帰結として、ともすれば（間接的な）監禁で有罪になると指摘する。[26] 弁護人がこのような行為の責任を負担することはできないということは議論を待たないが、これは職務倫理上の問題にとどまらず、自らに対しても犯罪の嫌疑がかけられるという差し迫った危険も生じる。しかし、弁護人が依頼者の信憑性評価にとどまり、他方、依頼者がそのような証言に固執するのであれば、もはや残された可能性は依頼関係の終了のみである。かといって、証言が行われる前に依頼関係を終了することは、依頼者にとって不利益が生じることになる。[27]

また、弁護人には守秘義務が課せられているため、依頼者の供述の正当性に対する自らの疑念や、さらには供述が真実でないことについての確信を口外することは禁じられる。このような信憑性に疑いがあるような供述により、無辜の第三者が刑事訴追を受け重大な結果にさらされる危険がある場合、弁護人がどのような態度をとるべきかについては(早計には)論じることができないとし、このような弁護人の相剋の危険は以前から存在したものではあるが、王冠証人規定によって確実に増大したことを刑事弁護人は理解しておかなければならないと主張する。[28]

②守秘義務と効果的な援助

弁護人は、王冠証人が主たる不利益証人となりうる事件の依頼を受ける場合、以前の依頼人のなかに解明助力者(王冠証人)となりうる人物が存在しないかを慎重に調査しなければならない。それは次のような理由による。弁護人は、依頼人に対して不利な供述を行う王冠証人が登場した場合、同人の供述の信頼性を論難することで依頼者の利益を保護することができる。もし、当該弁護人が以前に別の事件でこの王冠証人の弁護を受けたことがあれば、その経験から同人の信頼性を論難するための情報を有することも考えられる。しかし、以前の依頼者である王冠証人との関係で生じる守秘義務により、これを現在の依頼人の利益のために用いることは禁じられることになる。[29]

（4）解明結果承認の不確実性

王冠証人規定の適用場面においては、恩恵を受ける者と与える者の区別が曖昧であり、解明助力者の供述の合意という点に問題がある。すなわち、被疑者によってもたらされる解明「成果」は、公判開始決定までという時間的に切迫したなかで、捜査機関に対して与えられなければならない。さもなければ、被疑者の苦労も水泡に帰し、たとえ自らの関与した犯罪に関する情報提供を行ったとしても、それは一般的な量刑事情のレベルまで価値を減じられることになる。被疑者の解明助力に対する対価は刑の減軽または免除の形で生じるが、あくまでその認定者は裁判所である。場合によっては、被疑者も弁護人も「契約の相手方」たる裁判所とは一度も会わないまま、契約に応じなければならないことになる。つまり、王冠証人となって量刑上の優遇を受けようと思う被疑者は、捜査機関に対して情報提供をしなければならないが、必ずしも裁判所が刑の減免を認めるとは保証されないため、被疑者と捜査機関との間の取決めは極めて不確実なものとなる。[30]

この点、刑訴法二四七条cは、しかるべき事案において裁判所は訴訟の継続および結果について訴訟関与者（Verfahrensbeteiligte）と合意することができる旨規定する（一項）。その際、裁判所は、合意がどのような内容を含みうるものか公表し、当該事案のすべての事情ならびに一般的量刑事由を評価したうえで、刑の上限及び下限を提示することができ、これに対して訴訟関与者が態度決定の機会を与えられる。合意は、被告人および検察官が裁判所の提案に同意したときに成立する(三項)。しかし、王冠証人について規定した刑法四六条bは、刑訴法二四七条cによって排除されるべき非公式で秘密の取決めを認めるとの批判もある。[31]

4 具体的な弁護活動

弁護人と依頼者が最初に話し合わなければならない問題は、依頼者が刑訴法一〇〇条a二項に掲げられた一覧に含まれる犯罪(対象犯罪)について知っており、これについて供述することができ、かつその意思があるか否かということになる。[32] そのため、弁護人が国家的訴追利益の(ための)仲介者になるという懸念が現実化し、ほぼ回避しえない。[33] 弁護人としては、解明助力(Aufklärungshilfe)によって見込まれる利益の説明だけでなく、その危険および欠点に関する情報提供についても、被疑者に助言しなければならない。弁護人がまず明確にしておかなければならないことは、とくに依頼者自身が関与した犯罪に関して、まだ捜査機関に知られていない事実関係について供述する場合、そのことが利益よりもむしろ自己負罪にならないか否かという点である。他方、もっぱら他人の行為に関する事実を述べる場合でも、依頼者は「ブーメラン効果」の可能性に注意しなければならない。つまり、依頼者の解明助力により有罪にされようとする者の側でも、依頼者に対する攻撃を準備している場合があることを想定しておかなければならない。しかし、そのような状況にあるかどうかは、最終的には依頼者にしか判断できないだろう。[34]

その他にも、解明助力によって有罪とされる者たちが結託して、さらに別の、場合によっては捏造された行為で依頼者を有罪とする危険が考えられる。また、依頼者は自らの知っていることを明らかにしたとき、証言拒否権等を放棄した状態で、証人として司法の自由な利用に自らを委ねることになるということを認識しなければならない。[35]

おわりに

二〇〇九年の立法に至るまでには、在野法曹ばかりでなく、法曹関係の各職業団体が「珍しく一致して」その刑事政策的効果について異議を唱え、「問題視されるべき犯罪との取引」に否定的であったとされる。[36] そのうち本稿では、とくに重要であると思われる点について紹介した。二〇一三年改正による関連性要件の付加の影響もあるかもしれないが、一部の実務家からは、経済犯罪の場合は別として、マフィアのような現象形態を有する組織犯罪に関しては、組織からの報復の前では量刑上の優遇も供述獲得にとってさほど効果がないという見解も聞かれる。王冠証人制度が立法当初予定されていたような事案の解明効果を生じているかは、なお今後の検討を待つ必要があるように思われる。

［注］

（1）"Kron" とは「王冠」、"Zeuge" は「証人」を意味する語であり、元々はイギリス法に由来するとされる（Werner Beulke, Strafprozessrecht, 12. Aufl., 2012, S. 231, Rn. 342.）。

（2）これについては、麻薬取締法、麻薬法などの邦訳がみられる。

（3）Gesetz zur Änderung des Strafgesetzbuches, der Strafprozeßordnung und des Versammlungsgesetzes und zur Einführung einer Kronzeugeregelung bei terroristischen Straftaten vom 9. Juni 1989, BGBl. I, S. 1059.

（4）刑法四六条bは本書一四〇頁の【資料①】を参照されたい。

（5）正式名称は、「麻薬取引およびその他の組織犯罪の現象形態に対する法律（Gesetz zur Bekämpfung des illegalen Rauschgift und andere Erscheinungsformen der Organisierten Kriminalität）」。

（6）BT-Drucks. 16/6268, S. 1.　後掲・野澤①九三頁。なお、本稿は、野澤充「ドイツ刑法の量刑規定における新しい王冠証人規定の予備的考察」神奈川法学四三巻一号（二〇一〇年）七三頁（以下、「野澤①」）および同「ドイツ刑法における王冠証人規定の二〇一三年改正について」犯罪と刑罰二三号（二〇一四年）一七七頁（以下、「野澤②」）を参考にした。その他、ドイツの王冠証人制度に関する論考として、池田秀彦「ドイツの王冠証人立法」創価法学四一巻三号（二〇一二年）一頁、同「ドイツ王冠証人制度の理論的課題」創価大学通信教育部論集一五号（二〇一二年）九四頁、同「ドイツの王冠証人規定（刑法四六条b）の改正を巡って」創価法学四三巻二号（二〇一三年）一二頁、滝沢誠「被告人の刑事責任を減免する制度の導入の是非について」専修法学論集一一七号（二〇一三年）二九頁などがある。

（7）BT-Drucks. 16/6268, S. 9.

（8）BGH, a.a.O. (Fn. 8), S. 154, Rn. 4.

（9）BGH, a.a.O. (Fn. 8), S. 154, Rn. 3 u. 5 f.　なお、本決定については、野澤②（注記6）一八二頁以下が詳しい。

（10）改正に至る経緯については、野澤②（注記6）一八三頁以下参照。

（11）BT-Drucks. 17/9695, S. 8.

(12) Vgl. BT-Drucks. 179695, S. 8. Siehe auch BGH, Beschl. v. 15.3.1995 – 3 StR 77/95, StV 1995, 367.
(13) Jörn Patzak/Mathias Volkmer, Betäubungsmittelgesetz, 7., Aufl., 2012, S. 1007, § 31, Rn. 45 f. [Patzak]
(14) Adolf Sohönke/Horst Schröder/Theodor Lenckner/Albin Eser, Strafgesetzbuch, 29., Aufl., 2014, § 46b, S. 830, Rn. 13. [Kinzig]
(15) Patzak/Volkmer, a.a.O. (Fn. 13), S. 1017, § 31, Rn. 82. [Patzak]
(16) Dirk Lammer, Terrorbekämpfung durch Kronzeugen, ZRP 1989, 248, 250.
(17) Lammer, a.a.O., S. 250.
(18) Schönke/Schröder, a.a.O., (Fn. 14), § 46b, S. 827. Rn. 2. [Kinzig]; Stefan König, Wieder da: Die „große" Kronzeugenregelung, NJW 2009, 2481, 2481.
(19) 野沢②(注記6)一九〇頁以下。
(20) Dieter Dölling/Gunner Duttge/Dieter Rössner, Gesamtes Strafrecht, 3. Aufl., 2013, S. 492, § 46b StGB, Rn 4. [Rössner/Kempfer]
(21) Dölling/Duttge/Rössner, a.a.O., [Rössner/Kempfer]; Christoph Frank/Andrea Titz, Die Kronzeugenregelung zwischen Legalitätsprinzip und Rechtsstaatlichkeit, ZRP 2009, 137, 139.
(22) Franz Saldit, Allgemeine Honorierung besonderer Aufklärungshilfe, StV 2009, 345, 376.
(23) vgl. Thomas Fischer, Strafgesetzbuch, 60. Aufl., 2013, § 46b, S. 421 Rn 4b.
(24) König, a.a.O. (Fn. 18), S. 2483.
(25) Siehe auch Salditt, a.a.O. (Fn. 22), S. 379.
(26) Klaus Malek, Die neue Kronzeugenregelung und ihre Auswirkung auf die Praxis der Strafverteidigung, StV 2010, 200, 202 f.
(27) Malek, a.a.O. (Fn. 26), S. 202 f.
(28) Malek, a.a.O. (Fn. 26), S. 202 f.　なお、弁護人の地位をどのように理解するかという視点から、合意手続の法律化にともなう弁護人の新たな可罰性の危険を指摘するものとして、《講演》ヴェルナー・ボイルケ＝加藤克佳・辻元典央訳「弁護人の新たな可罰性の危険」刑弁七五号（二〇一三年）一〇九頁以下がある。

（29）Malek, a.a.O. (Fn. 26), S. 203.

（30）Malek, a.a.O. (Fn. 26), S. 203.

（31）Malek, a.a.O. (Fn. 26), S. 203.

（32）König, a.a.O. (Fn. 26), S. 2484.

（33）König, a.a.O. (Fn. 26), S. 2483.

（34）Malek, a.a.O. (Fn. 26), S. 204.

（35）Malek, a.a.O. (Fn. 26), S. 204.

（36）Malek, a.a.O. (Fn. 26), S. 200.

【資料①】(圏点は二〇一三年改正による)

刑法四六条b

一項　短期について高められた自由刑、または無期自由刑が定められた犯罪の行為者が、

一　自由意思に基づきその知識を明らかにすることにより、自らの犯罪行為と関連のある、刑訴法一〇〇条a二項に掲げられた犯罪行為が露見されることに本質的に寄与したとき、または

二　自らの行為と関連があり、かつその計画について知っている、刑訴法一〇〇条a二項に掲げられた犯罪行為が、まだなお阻止されうるほどに適時に、自由意思に基づき自らの知識を公務所に知らせたときは、

裁判所は、四九条一項に基づき刑を減軽することができる、その際、無期自由刑のみが規定されているときには、その代わりに一〇年以上の自由刑が適用される。②短期について高められた自由刑が定められた犯罪行為の類型(Einordnung)については、とくに重大な場合に対する加重のみが考慮され、減軽は考慮されない。③行為者が犯罪行為に関与しているときは、第一文一号による[真実]解明への同人の寄与は、自らの行為寄与を超える範囲にまで及ぶものでなければならない。④当該犯罪行為について有期自由刑のみが定められており、行為者が三年を超える自由刑を科せられなかったときは、裁判所は、減軽の代わりに刑を免除することができる。

二項　第一項の判断に際して、裁判所は特に以下の点を考慮しなければならない。

一　明らかにされた事実の種類と範囲、犯罪行為の解明または阻止に対するその重要性、開示の時期、行為者による刑事訴追機関に対する援助の規模、および同人の供述(Angabe)と関連する犯罪行為の重大性、ならびに

二　前号に掲げられた事情と、犯罪行為の重大性および行為者の責任の関係性

三項　行為者が、同人に対する公判手続開始決定があった後にはじめて、その知識を明らかにしたときは、第一項に基づく減軽ならびに刑の免除は排除される。

【資料②】

対象犯罪のうち刑法典に含まれるものとしては以下のものがある(刑訴法一〇〇条a二項参照)。

a　平和に対する罪、反逆罪および民主主義的法治国家を危殆化する罪ならびに外患誘致および対外的安全保障を危殆化する罪(刑法八〇～八二条、八四～八六条、八七～八九条a、九四～一〇〇条a)

b　贈収賄(刑法一〇八条e)

c　国防に対する罪(一〇九条d～一〇九条h)

d　公共の秩序に対する罪(一二九～一三〇条)

e　通貨および有価証券偽造(一五二条ともその都度関連した一四六条および一五一条、ならびに一五二条a三項および一五二条b一～四項)

f　一七六条a、一七六条b、一七七条二項二号および一七九条五項二号の場合における性的自己決定に対する罪

g　児童ポルノおよび少年ポルノ刊行物の頒布、取得および所持（一八四条b一～三項、一八四条c三項）
h　謀殺および故殺（二一一条および二一二条）
i　人身の自由に対する罪（二三二～二三三条a、二三四条、二三四条a、二三九条aおよび二三九条b）
j　集団窃盗（二四四条一項二号）および重大な集団強盗（二四四条a）
k　強盗および恐喝の罪（二四九～二五五条）
l　職業的盗品譲受、集団的盗品譲受および職業的集団的盗品譲受（二六〇条および二六〇条a）
m　資金洗浄および不法に獲得した資産の隠蔽（二六一条一項、二項および四項）
n　二六三条二項第二文に掲げられた前提条件の場合、および二六三条a二項ともその都度関連した二六三条五項の場合における詐欺および電子計算機使用詐欺
o　二六四条二項に掲げられた前提条件の場合、および二六三条五項と関連した二六四条の場合における補助金詐欺
p　二六七条三項第二文に掲げられた前提条件の場合および二六八条五項または二六九条三項ともその都度関連した二六七条四項の場合における、ならびに二七五条二項および二七六条二項に基づく文書偽造
q　二八三条a第二文に掲げられた前提条件の下での破産
r　競争に対する罪（二九八条、三〇〇条第二文に掲げられた前提条件下での同種事犯、二九九条）
s　三〇六条～三〇六条c、三〇七条一～三項、三〇八条一～三項、三〇九条一～四項、三一〇条一項、三一三条、三一四条、三一五条三項ならびに三一六条aおよび三一六条cの場合における公安を害する罪
t　汚職および贈収賄（三三二条および三三四条）

以上のものに加え、国税通告法（Abgabenordnung）、薬事法（Arzneimittelgesetz）、庇護手続法、滞在法（外国からの密入国／九六条二項、死亡結果を伴う密入国および職業的、集団的密入国／九七条）、対外経済法（Außenwirtschaftsgesetz）、麻酔剤法（Betäubungsmittelgesetz）、原料監視法（Grundstoffüberwachungsgesetz）、戦争兵器の監督に関する法律（Gesetz über die Kontrolle von Kriegswaffen）、国際刑法（国際謀殺／六条、人道に対する罪／七条、戦争犯罪／八～一二条）、武器法（Waffengesetz）における一部の犯罪が対象とされている。

フランス

白取祐司

1 フランス法と司法取引

(1)なぜ司法取引に消極的なのか?

フランス人にとっての英米刑事法は、制度的基盤が異なることもあって、相応の関心はあっても遠い存在だった。改めて確認すれば、フランス刑事司法は、堅固な司法官僚制に支えられた職権主義が支配し、被疑者・被告人の防御権への配慮は近時格段に進んだが、弁護士の活躍次第で結果が左右されるような当事者主義司法に対する抵抗感は強い。司法取引についていえば、フランスの刑事司法においては、実体的真実が重視される結果、犯人の本来の罪責(culpabilité)を、当事者の「交渉」に委ねることに対しては、強い抵抗感があった。それは、X.Pinの言葉を借りれば、「フランスのシステムが無罪推定原則と真実主義に過度に依存している」からである。[1] しかし、フランス刑事司法の中に、当事者の合意によって手続を簡略化する制度がまったくないわけではない。たとえば、公訴権は法の明文があるときには、和解によって消滅するとされており(刑事訴訟法六条三項)、刑事和解(médiation pénale)や刑罰命令(compositon pénale)

があれば、起訴されないで処理される。[2] ただ、これらは、罪名や量刑について被疑者と「交渉」が行われるわけではないので、英米法の「司法取引」とは違うとの見方が支配的であった。[3] いずれにしても、「取引」的手法が訴訟経済に資する面があることは否定できず、比較的軽微な犯罪について部分的に導入することはあった。しかし、大半の刑事事件を司法取引で処理するアメリカ的解決方法は、フランス人にとって、到底受け入れられないものであった。

(2)英米法の取引司法をどう見ていたか?

それでは、英米の plea bargaining について、フランス人はどう見ていたのだろうか。フランスの代表的な刑事法学者である Pradel は、その功罪について次のように述べる。[4]

まず、原理的にみて、「司法取引」には異論の余地がある。すなわち、被疑者・被告人は、訴追の対象になっているわけで、非常に弱い立場にあり、無罪の推定原則も歪められるおそれがある。無実の者が、恩恵を受けるために有罪を自認するかもしれないからである。したがって、「取引」は適切に運用されなければ耐えがたいものとなるし、交渉は(狭義の)当事者の手腕に大きく依存する。北米で有罪の八〇%が司法取引で処理され、これが彼らの刑事司法の基本要素となっているのは、司法取引がコストのかかる当事者主義への解決策であるからだ、と。さらに、性犯罪被害者にとって、公判廷における証言が避けられるというメリットがあるとも付言されている。また、司法文化ないし制度的基盤の違いとして、アメリカでは法曹一元が実現しており、検察官と弁護士が同僚的立場にあって「交渉」が容易であることも、アメリカで司法取引が盛んな理由としてあげられている。

Pradel は、司法取引制度の功罪を客観的に述べるにとどまっているが、（フランスと比較したときの）アメリカ固有の事情を強調していることからみて、少なくともこの制度の大幅な導入に賛成することはなさそうである。

（3）デルマス＝マルティ報告書と司法取引

一九九〇年に公表された「刑事司法と人権委員会報告書」（委員長の名をとって、「デルマス＝マルティ報告書」とよばれている）は、英米法の影響を強く受けたものだといわれているが、[5] 同報告書の司法取引に関する分析と提言は重要である。すなわち、報告書は、訴追された者が有罪を自認するか否かで異なる手続をとるべきことを提言する。有罪の自認がない場合は通常の重い手続を、有罪の自認がある場合は簡略化された手続を採るというのである。後者の場合、「自白」（aveu）はその性格を変え、証拠ではなく、被告人が、訴追側の証拠提出を免れさせるために自由に選択できる手続上の手段となる。[6] ただし、この選択は、弁護人との協議の後に裁判官の面前で行われなければならない。その後の簡略化された手続としては、たとえば重罪事件なら陪審なしの判決、[7] あるいは人格調査（必要な場合）以外の証拠収集の省略化[8] などである。

これらの発想は、当時根強かった実体的真実主義の前に否定されるのだが、[9] 後に立法化される「有罪の自認」(二〇〇四年)(後述)などに活かされることになる。

(4)軽罪化＝フランス型「司法取引」?

デルマス＝マルティ報告書は、フランスにおいて、いわゆる「軽罪化」(correctionnalisation)が、当事者と裁判官の合意を必要としている点で暗黙の「交渉」(négociation)形式といえるのではないか、と述べている。[10] たしかに、軽罪化のプロセスには関係者の交渉過程が存在する。だとすれば、英米法型の「取引司法」には距離をおきながら、実は裁判所の事物管轄に関して「交渉」による解決が古くから行われてきたことになる。そこで次に、フランス刑事司法で行われてきた軽罪化ないし司法上の軽罪化についてみていくことにしよう。

2 司法上の軽罪化(correctionnalisation judiciaire)

(1)司法上の軽罪化とは何か?

ここに「司法上の軽罪化」(correctionnalisation judiciaire)(以下、CJまたは「軽罪化」という)とは、重罪院(重罪[crime]事件のみ管轄)の事物管轄の例外として、検察官または予審判事(以下、「検察官」という)が実体法的には重罪である犯罪事実を軽罪とみなすことをいう。その功罪は後に詳しく述べるが、この手法には、検察官にとってのメリットとして手続負担の重い重罪審判(陪審)を避けることができ、被告人にとっては、本来重罪として裁かれるところ、法定刑も軽い軽罪として処理されるというメリットがある。

軽罪化の措置がなされるには、以下の二つの要件が必要である。第一に、CJは、訴追機関（と予審判事）が事実に反するより軽い罪名（軽罪）を採用することが必要である。たとえば検察官は、盗犯の加重事由（それがあれば重罪となる）である行為者の複数、犯行が夜間であること、住居侵入を伴うことなどの事由を省略ないし無視することで、これを単純盗罪の軽罪に落とすことがある（刑法三一一－七条、一三一－一条参照）。

第二に、軽罪裁判所と当事者が、この正確でない法的構成（qualification）を受け容れることが必要である。Pradel は、この点を捉えて、CJは consensualisme（意思主義、諾成主義）の典型例だという[11]。

（2）司法上の軽罪化に対する評価

それでは、司法上の軽罪化は、どのように評価されるべきか。Pradel の評価はつぎのようなものである。まず、原理的にいえば、この手続は法定されていないものであり、批判の余地がある。犯罪と刑罰を定めるのは立法者だけだからである。それゆえ、裁判管轄を決めるのも立法者だけである。そこでかつての学説は、軽罪化に法的基礎を与えるため、起訴便宜主義を援用した。しかし、検察官は、訴追しないという裁量をもつとはいえ、重罪を軽罪に法的構成し直して起訴するという中間的措置をすることまで許されるのだろうか。「大事をなし得る者は小事もなしうる」（フランスの諺）と考えていいのか。やはり、起訴便宜主義による正当化は適切なものではない。検察官に、犯罪を訴追するためにどんな法的構成をとってもいい権限までは与えられてはいないからである。

しかし、実際上の観点からみて、検事局の恣意を招く可能性があるほか、捜査官の意欲をそぎ、犯罪統計上も犯罪状況を正確に反映できないなどの問題点はあるが、CJには以下の三つのメリットがある。第一に、実務的観点からみて、軽罪化は、重罪院の過重な負担を軽減させることができる。この点で、違警罪に関する簡易手続（刑訴法五二四条以下）に似た機能を果たす。第二に、社会学的観点からみて、法律と集団意識（conscience collective）間の隔たりを減じることが期待できる。重罪院は、一八二〇年以降、当時のナポレオン刑法典の苛酷さを避けるため、証拠があっても無罪を言い渡した。旧刑法三八二条の規定どおりに、鉛筆一本盗んだ犯人を、第三者の援助を頼んだとか、ショーウィンドウを破損したなどの理由で、重罪院に送致するのは適切な判断ではない。第三に、犯罪者の利益の観点からみて、軽罪化はある種の刑罰個別化にも資する。検察官は、重罪院が言い渡すであろう刑罰が軽罪裁判所と同じ程度になると考えたときは、軽罪裁判所を選ぶ。重罪院に付託することで、それまでの真っ当な経歴に汚名を着せることはない、というわけである。

他方で、根拠法令がないという問題は残る。検察官に、寛大な措置をとる権限、すなわち軽罪化の措置をする権限を認める必要があるか、という問題である。最善の解決策は、立法によってある範囲の犯罪を軽罪化することであるが、事実上の解決も個別化という点ではなお必要である。[12]

（3）二〇〇四年三月九日法による軽罪化

二〇〇四年三月九日法（ペルベン・ドゥ法）は、軽罪化を法定した。すなわち、二〇〇四年法は、当事者が、予審終結時に犯罪事実が軽罪と法的構成されたことに異議を申し立てなかったときは、軽罪裁判所において異議を述べることはできないと規定することで、軽罪化を法定したのである。この手続をとると、当事者（私訴原告を含む）は、軽罪裁判所において、事物管轄違反の申立をしても却下されることになる。まず、新一八六－三条は、予審対象者および私訴原告に、犯罪行為が重罪にあたると考えたときは、軽罪裁判所移送決定に対する抗告をすることができること、新四六九条三項は、軽罪裁判所は、犯罪行為が重罪であることを理由に管轄違いの裁判をすることができない、と規定する。これらにより、司法はより迅速に実現することになり、裁判所の変更という世論を刺激しがちなドラマは避けられることになる（ただし、四六九条三項に例外あり）。

3 「有罪の自認」手続の立法

(1)ペルベンⅡ法と「有罪の自認」手続

二〇〇四年に制定されたペルベン・ドゥ法(Loi Perben II)は、基本的には「組織的犯罪」(délinquence et criminalité organisées)対策の立法であり、新たに「組織犯罪に適用される手続」(刑訴法新七〇六-七三条以下)(新設された第二五編)を設けた点が重要である。しかし同時に、刑事手続の全般に関する改革を実現するものであった。本稿の関心からいうと、多くの諸改革のうち「有罪の自認」制度(正確には、comparution sur reconnaissance préalable de culpabilité [事前の有罪の自認による出頭]というが、本稿ではこのように略称を用いる)の創設が注目される。

この「有罪の自認」制度の概要は次のようなものである。対象となるのは、罰金刑または五年以下の拘禁刑にあたる軽罪、ただし、未成年者の犯罪、出版に関する犯罪、過失致死罪、政治犯罪(以上につき、四九五-一六条)、身体の完全性を害する犯罪、強姦などの性的攻撃犯罪で五年を超える刑で罰せられるとき(以上につき、四九五-七条)については、この手続によることができない。また前提として、被告人が罪を自認していることが要件となっている(四九五-七条)。共和国検事が被告人に、その弁護人の立会いのもとで、一年の拘禁刑以下の刑罰を提案する。被告人がこれに合意し、それに大審裁判所の裁判長が承認を与えることで手続は完遂する。この裁判長の権限は強く、裁判長は提案され受容された刑を変更することはできないが、それ以外の包括的権限の行使が認められている。裁判官は、合意された罪名（法的構成）を確認し、犯行の事情等に鑑みて刑が適当か否かを検討し、被告人の自白および提案された刑に対する被告人の合意の真摯性などについて事実の確認をする。裁判官が、犯罪の性格、行為者人格、被害者の状況および社会の利益などからみて公開の法廷での審理が適当であると判断したら、合意に対する承認を拒む。

こうして、一般的な公判審理は省略されることになる。裁判官の承認のため一回のみ公判は開かれるが、証人尋問などは行われない。この公判にも、上述の弁護人は被告人の援助のため出廷する[13]（四九五－八条四項）。

ペルベン・ドゥ法により成立した「有罪の自認」手続は、二〇〇五年七月二六日法によって裁判長の承認手続のための公判手続がより詳細に定められ、さらに、二〇一三年一二月一三日法によって適用範囲を拡張されている。

（2）「有罪の自認」手続の実施とその評価

この手続は、当初より種々の批判を浴びた。批判の第一は、この制度が立法目的である手続の迅速性を部分的にしか果たし得ていない、というものである。被告人が犯行を自白しているが、それが警察留置中のもので他に証拠がない場合、裁判官は「犯罪行為の現実性（réalité）」を確認するのに困難を来すであろうし、その際、検察官も在廷しなければいけないとの判例（破毀院二〇〇五年四月一八日判決）があるため、手続は必ずしも簡易なものにはならない。[14]第二に、防御権との関係で、有罪の自認手続には問題が多い。交渉（négociation）といっても、検察官は、より重たい刑罰を脅しの材料に使って自白を迫ることはないか。そうなると、真犯人は、本来の刑罰より軽い刑で罰せられ比例性の原則に反することになり、無実の者が、詳細な自白をしたために間違った有罪で刑を科されることも生じうる。このような事態を生じさせる「有罪の自認」制度は防御権を害する、というのである。[15]

他方で、「有罪の自認」手続は、古典的刑事手続に代わる選択肢として評価できるとする論者もあり、評価は相半ばしているといえるかもしれない。[16]

現実にも、この「有罪の自認」手続は、かなり活用されており、結果としては成功といってよいとの評価もある。[17]ただ、裁判官の承認率は、（Pradel は高いと評価するが）八〇％を超える程度であり、相応の司法的チェックがなされていることに留意しなければならない。

憲法院は、二〇〇四年三月二日の決定で、「有罪の自認」手続の合憲性について、被告人は任意に有罪を認めることになっていること、裁判官が検察官の提案とは独立して手続を監視していること、また、手続の全過程に弁護人が関与していることなどを理由に、同手続が無罪推定原則に違反しないことを宣言している。[18]

（3）「司法取引」による解決と裁判官の役割

裁判官の厳格なチェックが必要とされる理由のひとつに、誤判の危険がある。すでに指摘されているように、仮に無実の者であっても、訴追を免れるため[19]、あるいは不確かで重い刑罰を避けるため、検察の提案に従う可能性がある。従わずに提案を退けることもできるが、その場合には予審判事または軽罪裁判所に送致されるが、手続は遅滞することになる（四一－二条参照）。また、「交渉」といっても、民事とは異なり、対等当事者とはいえないので、裁判官の役割が必然的に重要になるのである。

かくして、フランス型「司法取引」が、刑罰命令にしろ、「有罪の自認」手続にしろ、司法上の軽罪化にしろ、いずれの場合においても、裁判官はかなり積極的な関与を果たすことになる。その結果、「有罪の自認」手続における「合意」は、検察官と被告人の双方の関係を反映したものというより、裁判官を含む三面関係（弁護人を入れれば四面関係）の反映とさえ言われている。「有罪の自認」手続でも、検察官が提案し被告人が受け入れた後、最終的にこれにお墨付きを与える「承認」をするのは裁判官である。一見すると、裁判官の権限が強すぎるようだが、必ずしもそうは受け止められてはいないようだ。この点について、F.Deboveは、次のように説明する。[20]

刑事においては、被告人の負担する義務は、民事的な意味での給付（prestation）にとどまらない。すなわち、合意により訴追しないこと、有罪である旨の自白、損害賠償、公益奉仕労働など引き替えに重い刑を求めないことについて合意が成立したとして、問題はその先にある。「契約」による解決は、刑罰権、無罪推定原則、防御権、往来の自由など、憲法で保障された諸価値を危険にさらす恐れがある。これらの価値は、個人の人格や国家主権に密接に結びついており、譲渡できないものである。だからこそ、裁判官の介入が必要だ、というのである。

4 まとめ

フランス刑事司法において、日本の略式手続のような簡易手続は、上述したほかにも存在する。ただ、比較的刑が重い犯罪については、（司法上の軽罪化を別にすれば）「取引司法」（justice négociée）に慎重である。英米法の影響を受けたとされる「有罪の自認」手続でも、性犯罪や政治犯罪は最初から対象から外しているし、手続を進めるにあたっても、狭義の当事者任せにせず裁判官がしっかり監視する。裁判官の目からみて不適当だと判断したときは、当事者が合意しても通常手続に戻される。

このように、フランス法が取引司法に対して警戒的な理由について、最後にPinの言葉を引用して稿を閉じたいと思う。

「健全な刑事司法は、犯罪と刑罰の法定、無罪推定原則や公平で独立した裁判所の裁判を受ける権利などの基本権の保障にもとづくものでなければならない。関係者の（私的）合意には、それらの権利を守るどころか、弱める危険がある。司法的真実が合意による真実にとって代わり、公平な司法官が契約当事者（partie contractante）に代わってしまうことを想像すればよい。『司法取引』の拡張には、最大限の警戒が要請されるゆえんである[21]」

［注］

（1）X.Pin, *Le consentement en matière pénale*, L.G.D.J., 2002, p.547.

（2）白取祐司『フランスの刑事司法』（日本評論社、二〇一一年）一八八頁以下参照。

（3）同右一九〇頁。

（4）J.Pradel, *Droit pénal comparé* 3e éd., 2008, p.450 et s.

（5）白取・前掲書三二頁以下。

（6）Deboveも同様の指摘をしている。F.Debove, L'aveu, in *Code pénal et code d'instruction criminelle, Livre du bicentenaire*, Dalloz, 2010, p.67.

（7）Commission justice pénale et droits de l'homme, *La mise en etat des affaires pénales*, La Documentation Française, 1991, p.68.

（8）*Ibid.*, p.159.

（9）X.Pin, *op.cit.*, p.595-596.

（10）Voir, Commission justice pénale et droits de l'homme, *op.cit.*, p.67, note 1.

（11）J.Pradel, *Procédure pénale*, 17e éd., Cujas, 2013, p.106.

（12）Ibid.

(13) J.Pradel, "La célérité et les temps du procès pénal. Comparaison entre quelques législations européénes", in *Mélanges en l'honneur du professeur Reynald Ottenhof*, Dalloz, 2006, p.267.
(14) B.Pereira, «Justice négociée : efficacité répressive et droits de la défense ?», D.2005, n 30, p.2047.
(15) Ibid.
(16) L.Miniato, Le principe du contradictoire en droit processuel, L.G.D.J., 2008, p.4.
(17) J.Pradel, supra note 13, p.267.
(18) Conseil constitutionnel, Décision n 2004-492 DC du 02 mars 2004. http://www.conseil-constitutionnel.fr/conseil-constitutionnel/francais/les-decisions/acces-par-date/decisions-depuis-1959/2004/2004-492-dc/decision-n-2004-492-dc-du-02-mars-2004.897.html
(19) フランスの刑事手続においては、起訴と公判手続の間に予審などの中間手続があり、この段階で「司法取引」が行われる（起訴の概念ないし機能が日本法と異なるため、手続の対象者を被告人と呼ぶか被疑者と呼ぶか悩ましいときがある）。捜査手続と公判手続の間にあるこの中間の過程（la phase intermédiaire）は、訴追官が証拠を吟味し公判に付すか否かを検討する段階だが、同時に「交渉の機会」（plea bargaining）でもある。C.Ribeyre, Le contradictoire dans le procès pénal, Cujas, 2012, p.31.
(20) F.Debove, op.cit., p.363.
(21) X.Pin, op.cit., p.651 なお、「有罪の自認」手続を比較法を踏まえて批判的に検討する最近の論稿として、次の文献を参照のこと。B.Niang, *Le "plaider coupable" en France et au Etats-Unis au regard des principes directeurs du procès pénal*, L'Harmatan, 2014.

おわりに

本書は、刑事訴訟法等一部改正案のなかに盛り込まれた日本版「司法取引」が、冤罪を大量に生み出す危険性を持つことを示すことを目的として書かれた。第1章、第2章で導入されようとしている日本版「司法取引」の概要と問題点について述べ、第3章で外国法制について、それぞれ専門分野とする研究者に執筆をお願いして述べた。本書の最後に、諸外国の法制との比較検討を行ったことの意義について、あらためて述べたい。フランス、ドイツ、アメリカを選択したのは、明治以来、日本初の近代的刑事訴訟法とされる治罪法(一八八〇年)、二代目の旧々刑事訴訟法(一八九〇年)までは主としてフランス法を継受し、三代目の旧刑事訴訟法(一九二二年)ではドイツ法の継受に大きく傾き、四代目の現行刑事訴訟法(一九四八年)は大きく英米法化されたからである。

司法取引制度について外国法制の分類については、弁護士、五十嵐二葉の論稿(「最も危険な『司法取引』」『法と民主主義』四九七号、二〇一五年四月)が参考になる。五十嵐は、司法取引制度を自己負罪型(A型)、共犯密告型(B型)、他人密告型(C型)に分類する(さらにB型、C型については、犯罪実行前、犯罪実行後によりB1、B2、C1、C2の各型に分類している)。ここでは、この分類を踏まえ、第3章の意義について全体として考察したい。

共犯密告型、他人密告型の司法取引の問題性は、大きく分けて、二つある。共犯者や他人を密告することにより、恩典を与えられ、刑事処分を軽くしてもらう、こうした利益誘導をすれば、虚偽を述べてでも、自分の刑事処分を軽くしてもらおうとする人々は、たくさん出てくるであろう。その虚偽の供述により冤罪が発生する危険が高まる。拘禁施設にいるのは、モラルが高い人々ばかりではない。こうした事態は十分に考えられる。

現に、アメリカでは、密告型司法取引により大量に冤罪が発生しており、ノースウェスタン大学ロースクールの研究によれば、死刑冤罪事件の四五・九%で、誤った情報提供者の証言が冤罪・誤判原因となっていることを指摘した。そしてとりわけ危険なのが、同じ拘置施設に収容されたまったく無関係の他人の「犯行告白を聞いた」との虚言であるという(笹倉論文)。

さらに「取引」により刑事処分を決めてしまってよいのか、という問題がある。共犯者や他人を密告した者の責任を軽減する理由は何かあるのか。本書では、この点をめぐるドイツの法制度改革を紹介している。「王冠証人」立法は二〇〇九年になされたが、ただちにこの点について、ずいぶん非難を浴びた。共犯型の場合、組織の実態や共犯者を知る限り明らかにすることにより、組織犯罪の解明に貢献し、みずからは犯罪組織と絶縁する態度を明らかにしたとも言いうるから、この点を量刑上考慮することは考えられる。しかし、たまたま知った、無関係の他人の犯罪を密告することにより、どうして密告者自身の犯罪の責任が軽減されるのか。そんな理由は、理論上まったくない。ドイツでは、そうした議論から二〇一三年に「王冠証人」

が述べる「他人の犯罪」は「自分の犯罪」と関連性（あるいは「牽連性」）がなければならないと法改正された（内藤論文）。

ドイツにも自分の罪についての協議・合意制度は存在する。したがって、先ほどの五十嵐の分類に従えば、A型（自己負罪型）、B型（共犯密告型）の司法取引は存在するが、C型（他人密告型）はなくなったということである。

フランスでは、司法取引はA型（自己負罪型）の司法取引は存在しない。フランス法が取引司法に対して警戒的な理由として、P・inの言葉が紹介されている。

「健全な刑事司法は、犯罪と刑罰の法定、無罪推定原則や公平で独立した裁判所の裁判を受ける権利などの基本権の保障にもとづくものでなければならない。関係者の（私的）合意には、それらの権利を守るどころか、弱める危険がある。司法的な真実が合意による真実にとって代わり、公平な司法官が契約当事者に代わってしまうことを想像すればよい。『司法取引』の拡張には最大限の警戒が要請されるゆえんである」（白取論文）

フランス法では、B型（共犯密告型）、C型（他人密告型）の司法取引も存在しない。五十嵐によれば、フランスでは、テロ犯罪に限り、犯罪実行前の通報によりテロ犯罪の実行を阻止し、他の犯人の身元を明らかにした場合、通報者に恩典が与えられ、刑は免除される。犯罪実行前の通報により、人の死や、一生にわたる障碍を負うことを阻止できれば、自由刑は半減させられ、終身禁固刑は二〇年に減じられる。これは刑法典に明記されているから、「司法取引制度」ではない。

今回、導入されようとしている日本版「司法取引」は、A型がなく、B型（共犯密告型）、C型（他人密告型）のみである。

	A型（自己負罪型）	B型（共犯密告型）	C型（他人密告型）
アメリカ	○	○	○
ドイツ	○	○	×
フランス	×	×	×
日本	×	○	○

外国法制と比較すると今回の日本版「司法取引」はめずらしい法制と言える。しかも近年、アメリカではとくに他人密告型（C型）の危険性が現実化していることが明らかになり、ドイツでは、減刑の理論的な根拠がないとして、他人密告型（C型）は廃止されている。

「共犯密告型」（B型）については、かねてより日本では「共犯者の供述」は「危険な証拠」の典型の一つとみなされてきた。自分の役割を小さくし、責任の軽減をはかる「引っ張り込み」供述の危険や、全部他人がやったと虚偽を述べる「すりかえ」供述の危険が現実化した事件がいくつもある。ただでさえ、こうした危険が指摘されているのに、「引っ張り込み」供述等に対して、はっきりとした恩典の約束が与えられるのであれば、より虚偽の供述をする危険が高まることは当然であろう。今回の法案で、その危険に対処する措置は何ら講じられていない。

「他人密告型」（C型）に至っては、前記のなかでは、法制化しているのはアメリカだけである。しかもアメリカではこの制度が存在するために、「嘘を付くジェイルの情報提供者」「ジェイルハウス・スニッチ」の跳梁跋扈による冤罪・誤判が続出している。そのためアメリカの刑事司法の威信が大きく揺らぎ、笹倉論文が指摘するように、州法レベルでさまざまな改革が進められている途上にある。

危険性が明らかになった制度だけを、誤判防止の対策を何ら講じることなく、あえて輸入する理由は一体どこにあるのだろうか。

取調べの可視化などと抱き合わせで司法取引制度等が審議された法制審議会特別部会は、その人選を主として法務省幹部が行っている。そして一回一回の審議会では、議長はあえて議論をとりまとめず、次回以降、法務省の事務局が、法務省に都合のよい論点だけをまとめてしまう。そして、たとえば裁判官の委員から、再審請求審においては証拠を全面的に開示すべきである、などの意見が出され、賛同者が複数いても、「まとめ」からは消え去っている。そういう議事進行方法が行われた。要するに、法制審議会特別部会は、人選も、とりまとめも、法務省の掌のなかで、行われていた。したがって、検察権限強化のための法案化が行われたのである。日本の刑事司法は、「検察官司法」ともよばれるほどであり、検察官の権限が強く、裁判官も検察官に対して依存する傾向が強く、他方で被告人や弁護人の権限が弱いために、有罪率は九九・九％を超えている。検察官は、刑事司法を支配するばかりか、事実上、立法権をも支配していくかにみえる。一官庁がこうした強大すぎる権限を持つことは、人権と民主主義に対して脅威である。

それでは、国権の最高機関である立法府において、この司法取引制度が冤罪を生む危険は、きちんと議論されたであろうか。以下、今年（二〇一五年）の衆議院で行われた参考人質疑における議論を若干紹介したい。

法制審議会で幹事をしていたある与党参考人の川出敏裕東京大学法学部・大学院法学政治学研究科教授は、アメリカにおける「嘘を付くジェイルの情報提供者」や「スニッチ」の危険の指摘について次のように答えている。

「……無関係の他人、ましてや拘置所とか留置場で隣にいる人と協議、合意をしてそしてその供述をもって有罪にする、そういうことは、少なくとも（法制審議会特別）部会で議論している段階では想定しておりません」

しかし、今回の法制は「自分の罪」と「他人の罪」はまったく無関係でよく、まさに「嘘を付くジェイルの情報提供者」「ジェイルハウス・スニッチ」が活躍できるようにつくられている。しかも、法制審議会の議事録を見ても、アメリカにおける経験は、まったく議論すらされていない。「想定していません」というのは、議論したうえで除外したということではない。

また川出参考人は、赤の他人を密告できる制度になっているが、この点をどう考えるかと質問され、次のように答えた。

「文言上は、おっしゃるとおり、全く赤の他人が関与するという場合もあり得るんで、考えていたのは、先ほど来申上げている共犯事件のようなもので、ただ、限定しなかったのは、恐らく、限定をすると、先ほどドイツの御紹介がありましたが、もともと、事件と協力する事件が、一定の牽連性ですか、そういうものを要求する（中略）そういう形を取った場合、牽連性とは一体何なのかというところを厳密に書けるのかという問題があって、そういうところから、あえて限定はしていないという話ですので、実際のところは、全く無関係な他人が裏づけが取れるような供述をするというようなことは余り考えられないので、そういう事件には適用されないということになるんだろうと思います」

しかし、「牽連性」の概念は、日本の民法でも刑法でも使用されており、「定義がむずかしい」などということはまったくない。そのようなつまらない理由で「C型」（他人密告型）を除外しない理由にはならない。しかも、法制審議会の議事録には、ドイツの法制についての議論がなされた形跡はない。これらの意見は、ただのはぐらかしである。「嘘を付くジェイルの情報提供者」の供述の危険を「想定していない」とするのであれば、明確にそれを除外する立法を提案するべきである。

他人密告型の場合、虚偽供述により冤罪が生じる危険性を減じる一つの方策は、密告者の取調べ、協議、合意、その後の取調べ、証人テストに至るまで、その供述過程をすべて録音・録画化して、被告人に開示することである。他人密告型の場合は、たとえ具体的で詳細な供述がされていても、供述の全過程が録音・録画化されていれば、捜査官から情報を与えられて、供述が具体化、詳細化しただけなのか、それとも、もともと記憶としてそうした情報を有していたのかを分析する手がかりとなる。今回の法制には、そうした手当てすら講じられていない。

共犯密告型の場合も、供述の全過程の録音・録画化は必要であるが、共犯者は事件を体験しているため、捜査官に教えられなくても犯行を具体的かつ詳細に語ることができるため、録音・録画化だけで虚偽性を見破るのはより困難である。したがって、被告人と犯行との結びつきについての補強法則が少なくとも必要となる。しかし、この点については、法制審議会特別部会では、一人の学者がこれを提案しただけで、例によって法務省事務局のまとめからは消去されており、それ以上の議論はされていない。国会では、「共犯者供述に補強証拠を要しないとした判例との整合性が取れない」旨、川出教授が意見を述べている。しかし、恩典を約束して得られた共犯者の供述はとりわけ虚偽による誤判の危険性を高めるものであるから、補強法則を導入しても矛盾はない。

この法案は、抜け穴だらけで、冤罪を大量に生み出す恐れのある危険な法案なのだ。

私は今こそ、あまり知られていないこの制度に対する国民的な議論が必要であると痛感する。先の参議院では実質審議入りしなかったが、民主党の小川敏夫元法務大臣は、代表質問にて、この日本版「司法取引」制度に対する反対意見を、堂々と述べていた。まだ日本版「司法取引」制度の導入を阻止し、あるいは冤罪の危険を減らす対策を講じる条件はある。

国民的な議論が広がることを心から願って、この小著の筆をおく。

二〇一五年一一月

今村　核

刑事訴訟法等の一部を改正する法律案（抄）

◉衆議院で審議されていた司法取引制度の導入などを盛り込む「刑事訴訟法等の一部を改正する法律案」は、民主・自民・維新・公明の四党が共同で修正案を提出、二〇一五年八月五日に法務委員会、七日に本会議で与野党の賛成多数で修正可決された。参議院では本法案は実質審議が始まらないまま、継続審議となった。

本書収録の法律案は、衆議院で修正可決された刑事訴訟法の「証拠収集等への協力及び訴追に関する合意制度」（司法取引制度）に関する部分である。修正された加除部分はゴシック部分。それぞれ追加、削除と付した。

第四章　証拠収集等への協力及び訴追に関する合意

第一節　合意及び協議の手続

第三百五十条の二　検察官は、特定犯罪に係る事件の被疑者又は被告人が特定犯罪に係る他人の刑事事件（以下単に「他人の刑事事件」という。）について一又は二以上の第一号に掲げる行為をすることにより得られる証拠の重要性、関係する犯罪の軽重及び情状、**当該関係する犯罪の関連性の程度――追加**――その他の事情を考慮して、必要と認めるときは、被疑者又は被告人との間で、被疑者又は被告人が当該他人の刑事事件について一又は二以上の同号に掲げる行為をし、かつ、検察官が被疑者又は被告人の当該事件について一又は二以上の第二号に掲げる行為をすることを内容とする合意をすることができる。

一　次に掲げる行為

イ　第百九十八条第一項又は第二百二十三条第一項の規定による検察官、検察事務官又は司法警察職員の取調べに際して真実の供述をすること。

ロ　証人として尋問を受ける場合において真実の供述をすること。

ハ　検察官、検察事務官又は司法警察職員による証拠の収集に関し、証拠の提出その他の必要な協力をすること（イ及びロに掲げるものを除く。）。

二　次に掲げる行為

イ　公訴を提起しないこと。

ロ　公訴を取り消すこと。

ハ　特定の訴因及び罰条により公訴を提起し、又はこれを維持すること。

ニ　特定の訴因若しくは罰条の追加若しくは撤回又は特定の訴因若しくは罰条への変更を請求すること。

ホ　第二百九十三条第一項の規定による意見の陳述において、被告人に特定の刑を科すべき旨の意見を陳述すること。

ヘ　即決裁判手続の申立てをすること。

ト　略式命令の請求をすること。

前項に規定する「特定犯罪」とは、次に掲げる罪（死刑又は無期の懲役若しくは禁錮に当たるものを除く。）をいう。

一　刑法第九十六条から第九十六条の六まで若しくは第百五十五条の罪、同条の例により処断すべき罪、同法第百五十七条の罪、同法第百五十八条の罪（同法第百五十五条の罪、同条の例により処断すべき罪又は同法第百五十七条第一項若しくは第二項の罪に係るものに限る。）又は同法第百五十九条から第百六十三条の五まで、第百九十七条から第百九十七条の四まで、第百九十八条、第二百四十六条から第二百五十条まで若しくは第二百五十二条から第二百五十四条までの罪

二　組織的な犯罪の処罰及び犯罪収益の規制等に関する法律（平成十一年法律第百三十六号。以下「組織的犯罪処罰法」という。）第三条第一項第一号から第四号まで、第十三号若しくは第十四号に掲げる罪に係る同条の罪、同項第十三号若しくは第十四号に掲げる罪に係る同条の罪の未遂罪又は組織的犯罪処罰法第十条若しくは第十一条の罪

三　前二号に掲げるもののほか、租税に関する法律、私的独占の禁止及び公正取引の確保に関する法律（昭和二十二年法律第五十四号）又は金融商品取引法（昭和二十三年法律第二十五号）の罪その他の財政経済関係犯罪として政令で定めるもの

四　次に掲げる法律の罪

イ　爆発物取締罰則（明治十七年太政官布告第三十二号）

ロ　大麻取締法（昭和二十三年法律第百二十四号）

ハ　覚せい剤取締法（昭和二十六年法律第二百五十二号）

ニ　麻薬及び向精神薬取締法（昭和二十八年法律第十四号）

ホ　武器等製造法（昭和二十八年法律第百四十五号）

ヘ　あへん法（昭和二十九年法律第七十一号）

ト　銃砲刀剣類所持等取締法（昭和三十三年法律第六号）

チ　国際的な協力の下に規制薬物に係る不正行為を助長する行為等の防止を図るための麻薬及び向精神薬取締法等の特例等に関する法律（平成三年法律第九十四号）

五　刑法第百三条、第百四条若しくは第百五条の二の罪又は組織的犯罪処罰法第七条第一項第一号から第三号までに掲げる者に係る同条の罪（いずれも前各号に掲げる罪を本犯の罪とするものに限る。）

第一項の合意には、被疑者若しくは被告人がする同項第一号に掲げる行為又は検察官がする同項第二号に掲げる行為に付随する事項その他の合意の目的を達するため必要な事項をその内容として含めることができる。

第三百五十条の三　前条第一項の合意をするには、弁護人の同意がなければならない。

前条第一項の合意は、検察官、被疑者又は被告人及び弁護人が連署した書面により、その内容を明らかにしてするものとする。

第三百五十条の四　第三百五十条の二第一項の合意をするため必要な協議は、検察官と被疑者又は被告人及び弁護人との間で行うものとする。ただし、被疑者又は被告人及び弁護人に異議がないときは、協議の一部を**被疑者若しくは被告人又は**——**削除**——弁護人**のいずれか一方**——**削除**——のみとの間で行うことができる。

第三百五十条の五　前条の協議において、検察官は、被疑者又は被告人に対し、他人の刑事事件について供述を求めることができる。この場合においては、第百九十八条第二項の規定を準用する。

被疑者又は被告人が前条の協議においてした供述は、第

三百五十条の二第一項の合意が成立しなかつたときは、これを証拠とすることができない。

前項の規定は、被疑者又は被告人が当該協議においてした行為が刑法第百三条、第百四条若しくは第百七十二条の罪又は組織的犯罪処罰法第七条第一項第一号若しくは第二号に掲げる者に係る同条の罪に当たる場合において、これらの罪に係る事件において用いるときは、これを適用しない。

第三百五十条の六　検察官は、司法警察員が送致し若しくは送付した事件又は司法警察員が現に捜査していると認める事件について、その被疑者との間で第三百五十条の四の協議を行おうとするときは、あらかじめ、司法警察員と協議しなければならない。

検察官は、第三百五十条の四の協議に係る他人の刑事事件について司法警察員が現に捜査していることその他の事情を考慮して、当該他人の刑事事件の捜査のため必要と認めるときは、前条第一項の規定により供述を求めることその他の当該協議における必要な行為を司法警察員にさせることができる。この場合において、司法警察員は、検察官の個別の授権の範囲内で、検察官が第三百五十条の二第一項の合意の内容とすることを提案する同項第二号に掲げる行為の内容の提示をすることができる。

第二節　公判手続の特例

第三百五十条の七　検察官は、被疑者との間でした第三百五十条の二第一項の合意がある場合において、当該合意に係る被疑者の事件について公訴を提起したときは、第二百九十一条の手続が終わつた後（事件が公判前整理手続に付された場合にあつては、その時後）遅滞なく、証拠として第三百五十条の三第二項の書面（以下「合意内容書面」という。）の取調べを請求しなければならない。被告事件について、公訴の提起後に被告人との間で第三百五十条の二第一項の合意をしたときも、同様とする。

前項の規定により合意内容書面の取調べを請求する場合において、当該合意の当事者が第三百五十条の十第二項の規定により当該合意から離脱する旨の告知をしているときは、検察官は、あわせて、同項の書面の取調べを請求しなければならない。

第一項の規定により合意内容書面の取調べを請求した後に、当該合意の当事者が第三百五十条の十第二項の規定により当該合意から離脱する旨の告知をしたときは、検察官は、遅滞なく、同項の書面の取調べを請求しなければならない。

第三百五十条の八　被告人以外の者の供述録取書等であつて、その者が第三百五十条の二第一項の合意に基づいて作成したもの又は同項の合意に基づいてされた供述を録取し若しくは記録したものについて、検察官、被告人若しくは弁護人が取調べを請求し、又は裁判所が職権でこれを取り調べることとしたときは、検察官は、遅滞なく、合意内容書面の取調べを請求しなければならない。この場合においては、前条第二項及び第三項の規定を準用する。

第三百五十条の九　検察官、被告人若しくは弁護人が証人尋問を請求し、又は裁判所が職権で証人尋問を行うこととした場合において、その証人となるべき者との間で当該証人尋問についてした第三百五十条の二第一項の合意があるときは、検察官は、遅滞なく、合意内容書面の取調べを請求しなければならない。この場合においては、第三百五十条の七第三項の規定を準用する。

第三節　合意の終了

第三百五十条の十　次の各号に掲げる事由があるときは、当該各号に定める者は、第三百五十条の二第一項の合意から離脱することができる。

一　第三百五十条の二第一項の合意の当事者が当該合意に違反したとき　その相手方

二　次に掲げる事由　被告人

イ　検察官が第三百五十条の二第一項第二号ニに係る同項の合意に基づいて訴因又は罰条の追加、撤回又は変更を請求した場合において、裁判所がこれを許さなかつたとき。

ロ　検察官が第三百五十条の二第一項第二号ホに係る同項の合意に基づいて第二百九十三条第一項の規定による意見の陳述において被告人に特定の刑を科すべき旨の意見を陳述した事件について、裁判所がその刑より重い刑の言渡しをしたとき。

ハ　検察官が第三百五十条の二第一項第二号ヘに係る同項の合意に基づいて即決裁判手続の申立てをした事件について、裁判所がこれを却下する決定（第三百五十条の二十二第三号又は第四号に掲げる場合に該当することを理由とするものに限る。）をし、又は第三百五十条の二十五第一項第三号若しくは第四号に該当すること（同号については、被告人が起訴状に記載された訴因について有罪である旨の陳述と相反するか又は実質的に異なつた供述をしたことにより同号に該当する場合を除く。）となつたことを理由として第三百五十条の二十二の決定を取り消したとき。

ニ　検察官が第三百五十条の二第一項第二号トに係る同項の合意に基づいて略式命令の請求をした事件について、裁判所が第四百六十三条第一項若しくは第二項の規定により通常の規定に従い審判をすることとし、又は検察官が第四百六十五条第一項の規定により正式裁判の請求をしたとき。

三　次に掲げる事由　検察官

イ　被疑者又は被告人が第三百五十条の四の協議においてした他人の刑事事件についての供述の内容が真実でないことが明らかになつたとき。

ロ　第一号に掲げるもののほか、被疑者若しくは被告人が第三百五十条の二第一項の合意に基づいてした供述の内容が真実でないこと又は被疑者若しくは被告人が同項の合意に基づいて提出した証拠が偽造若しくは変造されたものであることが明らかになつたとき。

前項の規定による離脱は、その理由を記載した書面により、当該離脱に係る合意の相手方に対し、当該合意から離脱する旨の告知をして行うものとする。

第三百五十条の十一　検察官が第三百五十条の二第一項第二号イに係る同項の合意に基づいて公訴を提起しない処分をした事件について、検察審査会法第三十九条の五第一項第一号若しくは第二号の議決又は同法第四十一条の六第一項の起訴議決があつたときは、当該合意は、その効力を失う。

第三百五十条の十二　前条の場合には、当該議決に係る事件について公訴が提起されたときにおいても、被告人が第三百五十条の四の協議においてした供述及び当該合意に基づいてした被告人の行為により得られた証拠並びにこれらに基づいて得られた証拠は、当該被告人の刑事事件において、これらを証拠とすることができない。

前項の規定は、次に掲げる場合には、これを適用しない。

一　前条に規定する議決の前に被告人がした行為が、当該合意に違反するものであつたことが明らかになり、又は第三百五十条の十第一項第三号イ若しくはロに掲げる事由に該当することとなつたとき。

二　被告人が当該合意に基づくものとしてした行為又は当該協議においてした行為が第三百五十条の十五第一項の罪、刑法第百三条、第百四条、第百六十九条若しくは第百七十二条の罪又は組織的犯罪処罰法第七条第一項第一号若しくは第二号に掲げる者に係る同条の罪に当たる場合において、これらの罪に係る事件において用いるとき。

三　証拠とすることについて被告人に異議がないとき。

第四節　合意の履行の確保

第三百五十条の十三　検察官が第三百五十条の二第一項第二号イからニまで、ヘ又はトに係る同項の合意（同号ハに係るものについては、特定の訴因及び罰条により公訴を提起する旨のものに限る。）に違反して、公訴を提起し、公訴を取り消さず、異なる訴因及び罰条により公訴を提起し、訴因若しくは罰条の追加、撤回若しくは変更を請求することなく若しくは異なる訴因若しくは罰条の追加若しくは撤回若しくは異なる訴因若しくは罰条への変更を請求して公訴を維持し、又は即決裁判手続の申立て若しくは略式命令の請求を同時にすることなく公訴を提起したときは、判決で当該公訴を棄却しなければならない。

検察官が第三百五十条の二第一項第二号ハに係る同項の合意（特定の訴因及び罰条により公訴を維持する旨のものに限る。）に違反して訴因又は罰条の追加又は変更を請求したときは、裁判所は、第三百十二条第一項の規定にかかわらず、これを許してはならない。

第三百五十条の十四　検察官が第三百五十条の二第一項の合意に違反したときは、被告人が第三百五十条の四の協議においてした供述及び当該合意に基づいてした被告人の行為により得られた証拠は、これらを証拠とすることができない。

前項の規定は、当該被告人の刑事事件の証拠とすることについて当該被告人に異議がない場合及び当該被告人以外の者の刑事事件の証拠とすることについてその者に異議がない場合には、これを適用しない。

第三百五十条の十五　第三百五十条の二第一項の合意に違反して、検察官、検察事務官又は司法警察職員に対し、虚偽の供述をし又は偽造若しくは変造の証拠を提出した者は、五年以下の懲役に処する。

前項の罪を犯した者が、当該合意に係る他人の刑事事件の裁判が確定する前であつて、かつ、当該合意に係る自己の刑事事件の裁判が確定する前に自白したときは、その刑を減軽し、又は免除することができる。

[**執筆者**]（執筆順、＊編著者）
＊**泉澤 章**（いずみさわ・あきら）　弁護士
＊**今村 核**（いまむら・かく）　弁護士
　笹倉香奈（ささくら・かな）　甲南大学法学部准教授
　内藤大海（ないとう・ひろみ）　熊本大学法学部准教授
＊**白取祐司**（しらとり・ゆうじ）　神奈川大学法科大学院教授

[編著者紹介]

白取祐司

1952年生まれ。1977年、北海道大学法学部卒業。同年、司法試験合格。1979年北海道大学大学院修士課程修了。1981年司法修習修了。1984年北海道大学大学院博士課程修了（法学博士）。北海道大学大学院法学研究科教授を経て、現在、神奈川大学法科大学院教授。北海道大学名誉教授。

今村 核

1962年生まれ。東京大学法学部卒業。1992年、弁護士登録（第二東京弁護士会所属）。冤罪事件のほか、労働事件、民事事件などを担当。群馬司法書士会事件、保土ヶ谷放置死事件などを担当。現在、自由法曹団司法問題委員会委員長、日本弁護士連合会全国冤罪事件弁護団連絡協議会座長。

泉澤 章

1966年生まれ。法政大学法学部卒業。1996年弁護士登録（東京弁護士会所属）。足利再審事件などを担当。現在、自由法曹団司法問題委員会事務局長、日本弁護士連合会人権擁護委員会第1部会（再審・誤判）部会長。

日本版「司法取引」を問う

2015年12月24日　初版第1刷発行

編著者……白取祐司・今村 核・泉澤 章
ブックデザイン……宮脇宗平
発行者……木内洋育
編集担当……田辺直正
発行所……株式会社旬報社
〒112-0015 東京都文京区目白台2-14-13
電話（営業）03-3943-9911
http://www.junposha.com
印刷・製本……シナノ印刷株式会社

ISBN978-4-8451-1447-4